Frédéric Le Guyader

La chanson du cidre

On a souvent reproché aux poètes bretons d'être des tristes.

Est-ce pour cela que Stanislas Millet, qui est Normand, a dit que ma bonne humeur était plutôt normande que bretonne ? Mistral, après avoir lu «La Reine Anne», m'écrivait que c'est gai comme le soleil de Provence.

Au fait, sommes-nous aussi tristes qu'on veut bien le dire ?

La mélancolie de Brizeux, — malade comme Musset, — n'est pas toujours de la tristesse. Souvestre, Luzel, Prosper Proux, ne sont pas lugubres. Félix Hémon, ce maître écrivain, le plus sincère peut-être des passionnés de la Bretagne, et qui, nous l'espérons, lui reviendra tout entier quelque jour, Hémon n'est pas un triste. Anatole Le Braz, avec ses somptuosités à la Rubens, n'est pas un triste. Et Le Goffic, non plus, ce Breton pur sang, chroniqueur merveilleux, dont les Enquêtes au cœur du pays breton sont tout simplement des chefs-d'œuvre. Sans doute, il y a beaucoup de tristes, dans la Pléiade de Tiercelin : mais il ne leur a pas donné l'exemple : Tiercelin n'est pas un triste. J'en passe, et des meilleurs, n'est-ce pas, Durocher ?

Donc, la tristesse bretonne est une légende à détruire. Ce tout petit livre s'y emploiera de son mieux.

Il n'a, d'ailleurs, d'autre mérite que d'être «breton». Or, ce compliment, qui m'a été fait bien souvent par des lecteurs de «L'Andouille», de «La Randonnée du Lièvre», du «Lutrin de Monseigneur Graveran», n'est pas à dédaigner, par le temps qui court. Faire des choses bretonnes, qui soient bretonnes, ce n'est pas aussi banal qu'on pense.

N'est pas Breton qui veut.

Je sais bien qu'il existe des écrivains «bretons» fort connus, qui n'ont jamais écrit une ligne réellement bretonne. Luzel est mort avant d'avoir assisté à ce phénomène, lui en qui, plus d'un demi-siècle a vibré, a chanté l'âme bretonne, dans toute sa franchise et toute sa loyauté, et qui n'a retiré de son œuvre qu'un peu de gloire, dont nous étions plus fiers que lui.

N'est pas Breton qui veut. A ce propos, qu'on me permette de reproduire ici quelques pages, composées pour un autre livre, et ne se rapportant pas directement à «La Chanson du Cidre», mais où je raconte l'aventure significative arrivée, chez nous, à Zola. Il y a là une leçon pour nous, pour tous ceux qui ont la témérité d'aborder «les sujets bretons».

A Propos de «L'Ame bretonne»
(Le Trégor, la Cornouailles)

Vous me demandez quelques pages sur «le caractère trégorois», sur «l'âme trégoroise». Vous vous adressez mal. Je ne suis pas votre homme. Je n'habite le Trégor que depuis sept ans. C'est tout juste le tiers du temps qu'il faut pour «connaître» un district breton.

Il y a une quinzaine d'années, Zola fit un séjour de trois mois en Basse-Bretagne, à Sainte-Marine, vis-à-vis de Bénodet, près de Quimper. Et le Maître habita parmi nous.

Il venait là dans l'intention formelle d'y poursuivre la série des Rougon-Macquart. Il venait en Bretagne faire un roman breton, une étude bretonne, une «synthèse» bretonne. Seul, avec sa femme, dans cette maison des bords de l'Odet, transformée en château aujourd'hui, Zola, voisin de l'Océan, se mit à l'œuvre.

Il avait apporté son bagage ordinaire de notes, de documents. De plus, le Ministère de l'Intérieur s'empressait de lui communiquer, par la voie postale encombrée, des monceaux de statistiques. Rapports officiels et médicaux, statistiques sur la consommation de l'alcool, sur la progression de la criminalité, de l'aliénation mentale, le dossier était complet.

Et quel dossier précieux! Quel fumier à remuer!

Les narines palpitantes, le Maître se délectait à l'avance. Cette Bretagne bondieusarde et sale, livrée à l'ivrognerie et à la superstition, il allait la coucher sur sa table anatomique, et fouiller dedans avec son bistouri de carabin mécréant.

Mais, pour se documenter à fond, il fallait voir de près ce peuple, se mêler aux foules, tout voir et tout entendre. De temps à autre, le Maître prenait le bac, passait de l'autre côté de l'eau, et louait une voiture chez Hamon. C'est ainsi qu'ayant connu Pont-Labbé il visita Fouesnant, Concarneau. Il alla plus loin. Le pays de Léon, le pays de Tréguier, furent interrogés par cet homme extraordinaire.

Or, de retour dans sa maison de Sainte-Marine, il arriva ceci que Zola laissa de côté la Bretagne et s'occupa d'autre chose[1]. La Bretagne, interrogée par lui, n'avait pas répondu : il faut trois fois sept ans pour la connaître ! Zola fut intelligent de comprendre qu'il n'avait rien à faire chez nous. Il quitta Sainte-Marine, alla promener ailleurs son bistouri et sa personne.

La Bretagne ne fut pas diffamée par Zola.

Zola, dans « La Terre », a synthétisé le Paysan ; mais un paysan quelconque, qui se rencontre partout. Il suffit de s'asseoir, une demi-heure, côte à côte avec lui, à l'auberge, pour le saisir, s'emparer de lui, et l'emporter dans son carnet de notes. Mais le peuple breton n'est pas quelconque. Il est quelqu'un. Il ne se prête pas aux « instantanés » des impressionnistes de passage. Comme tant d'autres, qui chantent la Bretagne en vers et en prose, — et Dieu sait si la banalité bretonne est un article courant, — Zola aurait pu faire un livre sur la Bretagne. Mais Zola, qui a des défauts, Zola qui a des vices, et qui en est pourri, et qui en a pourri des générations, Zola a une qualité littéraire : c'est un ouvrier consciencieux. Il a senti qu'il ne pouvait tirer de sa visite en Bretagne que des banalités. Il a préféré ne rien écrire.

Eh bien, ce qui est vrai pour Zola, et pour les Bretons de passage, est à demi vrai pour nous. Nous qui sommes nés en Bretagne, nous qui avons, comme Luzel, été élevés au vrai foyer breton, nous qui, durant l'enfance, ne savions guère d'autre langue que la langue bretonne, nous qui avons vécu, souffert, aimé sur cette vieille terre si jeune encore par la candeur relative de ses mœurs, et la ferveur de ses enthousiasmes, quand l'audace nous prend de consulter la cons-

---

[1] Zola écrivit, à cette époque, à Sainte-Marine, une partie de son roman « La Joie de vivre ».

cience, l'âme de ce grand peuple, nous sommes pris d'inquiétude, et la plume nous tombe des mains.

La Bretagne, d'ailleurs, pour préciser les choses, manque d'unité. Costumes, coutumes, idiomes, usages, mœurs, le contraste est saisissant à quelques lieues de distance. Ce qui a découragé Zola avait, déjà, déconcerté Flaubert. Pas de synthèse possible. Les petits ruisseaux de Bretagne sont des fossés immenses séparant des peuplades qui se touchent. Il faudrait cent volumes des Rougon-Macquart pour épuiser la série des contrastes et des antithèses.

Il y a autant de différences entre une femme d'Yffiniac et une femme d'Auray qu'entre une Samoïède et une Arlésienne. L'une a les attributs du sexe, l'autre en a toutes les grâces.

Mettez un paysan de Plédran à côté d'un paysan de Fouesnant. Question de langue à part, ces deux hommes ne pourront se comprendre. L'un est resté dans la barbarie. L'autre est encore dans l'âge d'or. C'est un primitif candide, doux et ouvert, autant que le premier est dur et fermé.

Il faut parler ici à demi-mot. Car il y aurait tant de choses à dire, si franchise nous était octroyée.

Mais pensez-vous que «l'état d'âme» ne change pas profondément, suivant les milieux?

A côté de nos barbares, nous avons nos raffinés.

Vous connaissez «les Julots», ces hidalgos léonais, dont la vaisselle est riche, et la table opulente. Tous bacheliers, parlant bien deux belles langues, le français et le breton, race vraiment à part, vraiment noble, glorieuse de ses origines et de son originalité.

Eh bien, tout à côté de ces princes, passez sur l'autre versant des montagnes d'Arrée, vous trouverez là, comme je les ai vus il y a trente ans, des villages préhistoriques, des familles préhistoriques. Vous approchez d'une chaumière: un homme, une femme, des enfants, composant une famille, non sans effroi, vous regardent passer. Vous leur parlez: tout rentre sous terre, je veux dire dans la chaumière. Vous y pénétrez après eux. La masure, au ras de terre, éclairée d'une seule lucarne, sert d'étable à la vache, de soue à porcs, et d'habitation à toute une famille. Là, près de l'âtre enfumé où brûle un peu de lande avec de la bouse de vache desséchée, vous pourrez voir des êtres à peine humains, serrés les uns contre les autres, vous regardant avec des yeux effarés. Vous interrogez ? Pas de réponse. Ou bien des mots inarticulés, des mots d'une langue à eux, grogne-ments de pourceaux peut-être, ou bêlements de brebis. Et, comme si les bêtes, jusqu'aux reptiles, fraternisaient toutes dans ce milieu d'effroyable sordidité, jetez les yeux vers la lucarne unique éclairant l'immonde chaumière : vous verrez là, tout humide de la buée infecte qui suinte le long des murs, un sourd jaune et visqueux, attiré sans doute par ce peu de lumière, collé des quatre pattes et de la queue à la vitre de la lucarne. Cette vision d'il y a trente ans m'est restée devant les yeux telle que je viens de l'écrire. Et j'affirme qu'il existe encore en Bretagne beaucoup de villages «préhistoriques» comme celui-là, près desquels les cités lacustres d'il y a six mille ans étaient sans doute des coins paradisiaques. Et, ici, il ne s'agit pas d'exceptions dans une région donnée, mais de districts entiers, restés barbares, tout près de cantons très civilisés[2].

---

[2] Je ne croyais pas si bien dire. M. Le B..., un archéologue passionné, aussi modeste qu'érudit, a bien voulu me communiquer la belle page qu'on va lire, de M. Paul du Châtellier (explorations dans la commune de Loqueffut, mon-tagnes d'Arrée, 1897) : «Les habitants actuels de ce lieu sauvage sont bien les descendants de ceux dont nous venons de troubler les sépultures. Surpris dans nos travaux par une tempête de neige, nous fumes obligés de nous réfugier dans une cahute que nous apercevions à 150 ou 200 mètres. Quel ne fut pas notre étonnement, quand nous y eûmes pénétré, de nous trouver dans une habitation de l'époque de la pierre ! Le lit est fait de grandes pierres plantées de champ en terre, entourant un rectangle rempli de paille, sur laquelle sont jetées quelques loques. Là couchent le père, la mère, et trois enfants ! La table est un dolmen : deux pierres posées de champ en terre : dessus, une dalle. L'armoire est un coffre adossé au lit fait de trois pierres posées de champ en terre pour trois côtés, la quatrième étant une des pierres du lit. Une cinquième, posée dessus, ferme ce buffet dans lequel on met le pain et quelques vêtements. Sur la table restent les ustensiles de ménage, et le lait d'une vache qui couche dans le même logis que les gens. La femme, à laquelle nous donnâmes quelques fruits, n'en mangeait pas. L'un des enfants ne voulut pas manger de viande. L'existence des habitants actuels du plateau de Norohou ne doit pas très sensiblement différer de celle des populations préhistoriques qui y ont laissé leurs monuments.» (P. du Châtellier, *Bulletin de la société d'Émulation des Côtes-du-Nord*, 1897, p. 51 et suiv.).

Il est bien évident que ce défaut d'unité, cette diversité d'états d'âme s'expliquent par la diversité des choses extérieures. La Bretagne n'échappe pas à la règle.

«La vue quotidienne des mêmes aspects, a dit J. Hoche, à propos des Orientaux, finit nécessairement par se refléter sur la physionomie, sur le caractère». «L'homme, dit le poète polonais Kraszewski, finit toujours par se pénétrer des influences extérieures. Nous sommes, dans l'échelle de l'ordre universel, comme la chenille qui se revêt d'une feuille verte en vivant sur une feuille d'arbre, et d'une robe éclatante au cœur d'un fruit empourpré.» Spencer va plus loin : il prétend que les peuples ont copié leur architecture selon les différences d'aspect de la nature autour d'eux.

Dans cet ordre d'idées, certains pays de la Bretagne, le Léonais, le Trégorois, quoique très beaux, sous un aspect plus sévère, n'ont pas l'éclat des côtes du sud. Et leur sévérité physique correspond exactement à celle des physionomies, des mœurs, et des caractères.

Ce sont là des choses qui sautent aux yeux.

Tout dernièrement, un soir de septembre, nous voyagions en voiture de Beg-Meil à Bénodet. Nous venions de traverser Fouesnant, quand, à cent mètres à peine du bourg, une belle fille de quinze à seize ans descendit d'un champ sur la route, conduisant, par un bout de corde, un jeune cheval qu'elle ramenait à la ferme. Les pieds nus et les jupes courtes, coiffée de cette adorable coiffe «de tous les jours», plus jolie peut-être que celle des dimanches, le cou dégagé dans sa large collerette un peu fripée et défraîchie, son jeune corsage mal épinglé, la fillette marchait, tenant d'une main négligente le bout de corde, et de l'autre puisant dans les deux poches de son tablier de belles pommes rouges qu'elle croquait à belles dents. Et ce fut une fête pour nos yeux de voir ceci : chaque pomme à demi croquée, la jeune fille l'offrait, dans le creux de sa main, au jeune cheval qui la prenait fort galamment. Et, pour achever ce tableau ravissant, dans le cadre idéal du pays Fouesnantais, voici que la mignonne, tout en croquant ses pommes, se mit à danser la gavotte sur le chemin, et, derrière elle, comme énamouré au contact de cette jolie fille, le cheval secouait sa crinière et semblait danser du même pas que la belle.

Au lieu de placer cette scène dans le paysage pour ainsi dire classique de Fouesnant —tant il exprime complètement la beauté virgilienne des choses rustiques, à deux pas des magnificences d'une mer Napolitaine,— placez-la sur les côtes sauvages de Guisseny, ou dans le paysage chaotique de Ploumanarc'h, vous serez faux. C'est bien cela, et Kraszewski avait raison : les êtres et les âmes se pénètrent forcément des influences extérieures.

Cette jolie fille de Fouesnant, dans le milieu où fleurit sa jeune beauté, ne peut pas être autre que nous l'avons vue. Elle est toute à la joie de vivre, et sa belle insouciance, c'est l'air natal qui la lui donne. Les jeunes filles du pays de Trégor sont belles aussi, d'une beauté plus fine, et de lignes parfois très pures. Mais la joliesse ne semble pas faite pour elles. La mélancolie de leur mer plus triste est visible jusque dans leur sourire, et fait passer sur leur jeunesse comme une ombre de sévérité qui leur sied, et qui ajoute peut-être à leurs charmes.

On pourrait en dire autant du caractère de toute cette population d'un pays, qu'on a souvent appelé le Pays triste : l'insouciance du peuple cornouaillais, ce peuple aux costumes bariolés qui circule, aux jours de fête, dans les vieilles rues de Quimper, contraste évidemment avec la sévérité d'attitude et de costumes du noble peuple de Saint-Yves-en-Tréguier. Cette magnifique population trégoroise, plus réfléchie, plus affinée, douée, pour ainsi dire, du sens littéraire, est, sans effort, d'une culture supérieure à celle du reste de la Bretagne. De même qu'au pays de Fouesnant, il suffit de gratter la terre pour en tirer des richesses, de même, au pays de Trégor, un peu de culture intellectuelle fait germer, pour notre gloire nationale, de merveilleux génies, devant lesquels les portes d'or de la Science et de l'Art semblent s'ouvrir d'elles-mêmes.

NOVEMBRE 1900

Scientifique dissertation
sur l'ivrognerie bretonne

Je vois des ventres creux qui vivent d'une croûte,
Je vois même de gros empiffreurs de choucroute,
Je vois des gens d'esprit, des malins, des penseurs,
Des vieux portant bésicle, austères et censeurs,
Je vois des aigrefins, faisant les difficiles,
Des cuistres, des goujats, des sots, des imbéciles,
Des goinfres, des lourdauds, des bâfreurs, des Normands,
Qui nous accusent d'être ivrognes et gourmands.

Oui, je sais qu'on en rit. Et je sais qu'on en cause.
Eh bien, que voulez-vous, c'est le climat la cause.
Allez, vous dis-je, allez : courez tous les pays.
L'Arabe se remplit le ventre de maïs.
Le superbe Espagnol, dont l'haleine est étrange,
Vit d'une gousse d'ail, et d'un quartier d'orange.
Les pouilleux de Florence, et les lazzaroni
Vivent de l'air du temps et de macaroni.
Au pays de Mireille, à l'ombre du platane,
On déjeune d'un bon melon de Barbentane.
A-t-on le gosier sec, après le sirocco ?
On se contentera d'un verre de coco.
Mais nous, nous qui vivons sous d'autres latitudes,
Nous avons d'autres goûts, et d'autres habitudes.
Nous vivons dans la brume, et dans l'humidité.
Étonnez-vous qu'on mange avec avidité !

Ah ! ce n'est point d'oignons, de pastèques, d'amandes,
Que nous meublons le creux de nos panses gourmandes.

Il nous faut d'autres mets que des gâteaux de riz.
C'est de bœuf et de lard que nous sommes nourris.

Les soupes, que l'on trempe aux marmites béantes,
Et qu'on bâfre dedans des écuelles géantes ;
Les bouillis monstrueux, les boudins succulents,
Le lard rose, qu'on sert en quartiers opulents,
Et qui laisse au menton deux longs sillons de graisse,
L'andouille, dont l'odeur vous met en allégresse ;
Les tripes, les rognons, les divins aloyaux,
Voilà nos mets, à nous, Gastronomes royaux !

Or, quand le Ventre agit, quand l'Estomac travaille,
Nous leur aidons, avec d'abondante buvaille.
Pour faire, au fond du sac, descendre les morceaux,
Du cidre à plein gosier, du cidre par ruisseaux !

Donc, il faut boire. Donc nous buvons. C'est affaire
De zone, de climat, de degré sur la sphère.

O Bretons, Bas-Bretons, paillards et ripailleurs,
J'y pense et j'en frémis : nous pouvions naître ailleurs !
Oh ! Dieu ! s'il nous fallait vivre loin de la France,
Parmi les Esquimaux, ces mangeurs d'huile rance,
Ces malheureux, qui n'ont, en guise de boisson,
Que l'amer déplaisir de sucer un glaçon.
S'il nous fallait, en plein désert, traire aux chamelles
Le lait dur et moisi de leurs vieilles mamelles,
Et nomades, avec les pasteurs de troupeaux,
Humer l'eau qui croupit dans des outres de peaux !
Nous pouvions naître encor sur les bords de la Seine :
Là, des gens patentés font le commerce obscène
De vendre au pauvre diable un vin sur et malsain,
Où l'on fourre de tout, excepté du raisin.

Non. Dieu, plein de bonté pour la gent buvassière,
Fit pour nous une bonne et grasse Nourricière :
Il donna donc, un jour, la Bretagne aux Bretons.
Bénissons-le. Buvons à sa gloire. Et chantons !

POURQUOI NOUS BUVONS
(SONNET EN FORME D'ARGUMENT)

O mère Brète, un tas d'imbéciles s'étonne,
Que nous aimions à boire insatiablement.
Eh! ne sommes-nous pas tes fils, mère bretonne,
De bons biberonneurs, dignes de la Maman?

Ton sol a toujours soif, vieille Terre gloutonne,
Et, pour répondre aux cris du Nourrisson gourmand,
La Pluie, humide Vierge, au pissat monotone,
Arrose ton domaine impitoyablement.

C'est donc pour imiter les soiffeuses prairies,
Et les champs spongieux des grasses métairies,
Qu'il nous plaît d'humecter nos durs gosiers bretons.

Notre Mère boit sec. Et nous faisons comme elle,
Mais, tous, nous avons beau nous pendre à sa mamelle,
Nous n'appauvrissons pas ses robustes tétons.

HYMNE AU CIDRE

O Cidre, ô liqueur d'or, septembrale purée,
Qu'il faut boire en son temps, par l'hiver épurée ;
Salut, illustre vin des vieux vergers bretons,
Vin que n'a point souillé la lèvre des Teutons !
Coule, coule à pleins bords dans les écuelles peintes ;
Fais pisser les tonneaux dans les pots et les pintes !
O jus étincelant du fruit jaune et vermeil,
Ton culte est célébré de Moëlan à Beg-Meil :
Car tu mets en gaieté toute la Cornouaille,
Ce gras pays, nourri de bonne victuaille,
Quimperlé, Bannalec, Pont-Aven, Bénodet.
Tu règnes, triomphant, de l'Isole à l'Odet[3].

O Cidre, tu rendrais les Espagnes jalouses,
Car Gamache aurait fui les rives andalouses,
S'il eût connu Fouesnant, pays des francs gosiers,
Digne de Rabelais et de ses Grandgousiers !

Pendant que l'alcool ternit les fronts moroses,
Tu changes en rubis le nez des trognes roses.
O Cidre, ô grand ami ! Cidre, aimé des Bretons,
Nous, soiffeurs assoiffés, soiffant nous te chantons.

---

[3] Nous sommes les premiers à rendre hommage aux cidres normands, aux cidres de la Haute-Bretagne, mais, en toute sincérité, il y a là, de l'Isole à l'Odet, un Jardin des Hespérides où il fait bon naître, vivre et mourir.

MA PREMIÈRE CONFESSION
« CECI N'EST PAS UN CONTE. »

J'avais six ans passés. Il paraît que c'est l'âge
D'aller se confesser au recteur du village.
Je courus à l'église, avec ma sœur de lait,
Une toute mignonne enfant qui s'appelait
Madeleine[4]. L'espiègle était fort curieuse
De franchir l'antre empli d'ombre mystérieuse,
Où le prêtre attendait. Je me souviens de lui
Comme d'hier : c'était le bonhomme Tanguy.
Obèse, énorme, épais, tout à l'ancienne mode,
Très vieux, très radoteur, très bon et très commode,
Le bonhomme était là, dans la boîte aux Oublis.
On voyait vaguement un coin de son surplis.
Bravement, le front haut, la mine insoucieuse,
La petite entra. Moi, l'âme fort anxieuse,
Plus tremblant qu'un coupable au seuil d'un tribunal,
Je m'assis, à deux pas du confessionnal.
J'entendis tout. — Hélas, Dieu ! quelle coupe amère
Je dus boire ! Il fallait l'entendre, la commère,
Comme elle confessait, non ses propres défauts,
Non ses propres péchés, mais les miens, vrais ou faux !
L'œil béant, j'écoutais, comme à travers un songe…
— « Oh ! jamais, disait-on, je ne fais de mensonge :
« Mais Jean-Louis, mon frère, oh lui, c'est un menteur »
J'aurais voulu crier : « Moi, monsieur le recteur ?

---

[4] La petite fille, qui s'appelait en réalité Joséphine Gourvest, est morte peu de
mois après, à l'âge de 7 ans. Quant au bon recteur, qui m'a rappelé bien souvent
cette historiette, c'était un condisciple au collège de Saint-Pol-de-Léon, du fameux ministre Billaut.

«Ce n'est pas vrai du tout: c'est elle la menteuse!
«—Non, non, continuait la petite conteuse,
«Je n'ai jamais manqué ma prière du soir.
«Mais Jean-Louis, voyez, il aime mieux s'asseoir
«Que se mettre à genoux pour faire sa prière...»
Quoi, j'étais là, près d'elle, à quelques pas, derrière,
Parmi vingt pénitents qui l'entendaient aussi,
Et la traîtresse osait me dénoncer ainsi!
«Non, non, répondait-elle à quelque autre demande,
«Non, monsieur le recteur, je ne suis point gourmande,
«C'est Jean-Louis qui l'est. Il se bourre toujours.
«Quelquefois, il en est malade pour huit jours.»
Ah Dieu! si j'avais pu me cacher sous la terre!
Cependant, je toussai pour la faire se taire.
Mais la luronne allait son train, sans s'arrêter,
Parlant très fort, et moi contraint de l'écouter.
«Oh! Monsieur le recteur, moi je sais bien des choses,
Dit-elle; vous savez; vos belles pommes roses,
«Celles que nous nommons pommes du paradis.
«Et bien, c'est lui qui vous les vole, je vous dis!»

Oh! là, quand j'entendis des trahisons pareilles,
J'eus comme cent bourdons de cloches aux oreilles.
L'œil égaré, nu-tête, éperdu, furieux,
Je traversai le flot des dévots curieux;
Je sortis de la nef, sans prendre l'eau bénite,
Croyant que tout l'enfer était à ma poursuite;
Mais emportant, du moins, la consolation
De savoir comment faire une confession.

(1854)

LE MEILLEUR CIDRE DU MONDE

Rêvez une Liqueur à votre fantaisie,
Distillez le Nectar, sublimez l'Ambroisie ;
Mêlez le miel d'Hymette au suc du raisin mûr ;
Pillez tous les coteaux, l'Épernay, le Saumur,
Madère, Malaga, Porto, d'autres encore !
Versez dans le cristal un rayon de l'Aurore...
Homme heureux, saluez, et buvez, maintenant.

O Buveur, vous buvez du Cidre de Fouesnant !

PROPOS DE BEUVERIE

Les propos de buveurs sont choses mémorables.
Mais il en est, vraiment, qui sont inénarrables ;
Car la langue bretonne a des brutalités
Qui se traduiraient mal par des banalités.
D'ailleurs, sans être obscène, elle n'est pas bégueule.
Elle lâche les mots tout cru, et, forte en gueule,
Comme avec Prosper Proux, elle a certains excès
Qui passent en breton, mais non pas en français.

Dimanche, nous buvions chez le gros Bassompierre.
— Notez bien qu'à Pleuven les gens l'appellent Pierre,
Et que de Bassompierre ils font Pierre Basson.
Les buveurs, les fumeurs remplissaient la maison.
A peine avions-nous bu dix à douze bolées.
Nous causions, doucement des blés verts, des gelées,
Du prix des bestiaux, et des futurs Concours,
Quand deux nouveaux venus, sans plus amples discours,
Crièrent, en frappant sur les tables boiteuses :
« A boire, gast, et point de chopines menteuses !
« Des chopines d'un sou ! Des chopines de rien !
« A ta santé, Le Gac ! — A la tienne, Derrien.
— « Il est bon, qu'en dis-tu ? — Heu, j'en connais encore
« De meilleur. — Du meilleur ? Où ? — Chez François Le Corre.
— « Tais-toi, çà soûle trop, ce sacré cidre-là !
— « Tu veux rire ! — Demande à Hamon que voilà :
« Dimanche, nous avons achevé la journée
« Chez Le Corre, et, ma foi, de tournée en tournée,
« Pour le soir, il paraît que nous étions si soûls,
« Qu'on nous a mis dehors, bras dessus bras dessous.

«Pourtant, nous n'avions bu que vingt-quatre chopines.

—«Vingt-quatre seulement? Jean-Louis, tu déclines.

—«Il faut dire qu'avant les vêpres, j'avais pris

«Trois 'petits verres', chez Boissel, avec Le Bris,

«Quatre verres de rhum avec Derrien, le maire,

«Qui sirote toujours sa chicorée amère[5];

«Sans compter sept ou huit 'mélanges', chez Fermon.

«Ta ta! reprit Le Gac, en guise de sermon,

«Si c'est avec si peu que l'on soûle des hommes,

«Les femmes valent mieux que nous, tant que nous sommes.

«Sais-tu ce que m'a dit ma femme, hier au soir?

«Les buveurs d'à présent, c'est pitié de les voir:

«On vous soûlerait tous, buveurs à face maigre,

«En vous frottant le bec avec une pomme aigre.»

(1880)

---

[5] Il est bien entendu qu'il n'y a ici aucune espèce d'allusion blessante. Un de mes meilleurs souvenirs 'Fouesnantais', est d'avoir été traité en ami par ce parfait brave homme, mort depuis longtemps, et qu'on reconnaîtra sous ce nom déguisé, un bas-breton qui ne buvait que du café au lait. Du café au lait à Fouesnant!

Fleurs de bruyère[6]

Tout le long des talus, les bruyères sont roses.
Tout le long du chemin, les vierges vont, chantant.
Curieuses, les fleurs se penchent, écoutant :
—Ces folles-là, tout bas, se disent tant de choses !—

O vierges, qui passez sur le bord du chemin,
Ne cueillez pas ces fleurs très vite effarouchées.
Car sitôt que vos doigts divins les ont touchées,
Regardez-les, déjà, pâlir dans votre main…

Et prenez garde, aussi, que de sa main profane,
L'inéluctable Éros ne vous cueille demain.
O vierges, qui passez sur le bord du chemin,
Prenez garde : la fleur d'amour, bien tôt, se fane.

---

[6] Sur la route du Juch.

L'Angélus de Commana

Connaissez-vous Roc'h Trévézen, ce roc affreux,
D'où la route, à travers des champs noirs et lépreux,
Descend vers Commana, dont le clocher rigide
Se dresse, comme un spectre, à l'horizon frigide ?
Hélas ! jadis, du temps que j'étais écolier,
Partant pour Lesneven reprendre le collier,
Lorsque Roc'h Trévézen montrait sa crête sombre,
Tout triste en pénétrant dans ce pays plein d'ombre,
Je pensais à ma mère, et le long du chemin,
Des pleurs amers tombaient de mes yeux sur ma main.

Nous faisions mainte halte en route. La première
A Saint-Michel : l'auberge était une chaumière.
Puis, venait Commana. Puis Lampaul-Guimiliau.
La halte dînatoire était Landivisiau.
Là, l'on pendait au cou des pauvres haridelles,
Un sac d'avoine. Et nous, sans plus de souci d'elles,
Au fameux 'Lion d'Or' chez madame Rolland,
Nous faisions, pour vingt sous, un repas succulent.
Or, comme nous avions les poches bien garnies,
Pour clore dignement les vacances finies,
On noyait son chagrin dans un verre de vin,
Et l'on chantait gaîment jusques à Lesneven.

Un jour, —c'était après les vacances pascales,—
Trois chars-à-bancs, traînés par trois rosses bancales,
Nous portaient, entassés comme des petits veaux.
Nous allions, lentement, à travers monts et vaux,
Regardant fuir, du haut des montagnes d'Arrée,

La blonde Cornouaille, et sa plaine dorée.
C'est ainsi que, toujours, tristes, nous arrivions
Au bourg de Commana. Là, dis-je, nous buvions.
Notre auberge touchait au mur du cimetière.
Quel cabaret, bon Dieu! quelle cabaretière!
La vieille s'appelait Maharit Pouliquen.
Quant à Pouliquen, lui, c'était un vieux requin,
Un forban, plus forban que les forbans d'Afrique,
Noir comme un moricaud, sec comme un coup de trique,
Et maigre comme un cent de clous. La Maharit
Était une guenon du même gabarit;
Une horrible mégère à la carcasse osseuse,
Grelottant dans les plis d'une jupe crasseuse.
Shakespeare eût vainement rêvé museau plus laid.
Il l'eût mise à cheval sur un manche à balai,
Avec ordre d'aller au milieu des bruyères,
Sublimer, pour Macbeth, le ragoût des sorcières.

Ce jour-là, vers midi, comme nous descendions
Chez Maharit, de loin, déjà, nous entendions
Un vacarme infernal emplissant la baraque.
Dig! dao! du haut en bas de l'escalier qui craque,
C'étaient des coups de poing, et des coups de sabot,
Un sabbat, comme en font ribaudes et ribauds,
Et, tonnerre de Brest! dans la maison du Diable,
On n'entendit jamais chahut plus effroyable.

Tout juste, à ce moment, une vieille passait
Fort tranquille. — «Eh! Mamm-goz, dîtes-nous ce que c'est?»
Fit l'un de nous. — Ça? rien,» nous dit cette bonne âme.
«C'est le vieux Pouliquen qui caresse sa femme.»

En effet, Maharit, en fureur, se tordait
Aux mains du vieux forban, le griffait, le mordait,
Mais la femelle était loin d'être la plus forte,

Et maître Pouliquen n'allait pas de main morte.
Et dig! et dao! les coups pleuvaient dans la maison,
Comme la pluie à Brest ou la grêle à Crozon.
La vieille était sans dents, et n'était point de taille...

Or, tout d'un coup, voici qu'au fort de la bataille,
Dominant le fracas des gens, on entendit
La cloche qui sonnait l'Angélus de midi.
O prodige! ô miracle! ô voix mystérieuses!
A peine, dans les airs, les trois notes pieuses
Avaient-elles tinté leur couplet virginal,
Que nos deux combattants, cessant à ce signal,
—J'ai vu ceci se faire au milieu des gavotes,—
Se signèrent avec des mines très dévotes.
Et tous les deux, les mains jointes, les yeux baissés,
En bons chrétiens, en gens nullement courroucés,
Se mirent à mâcher les prières latines,
Plus confits et contrits que des bénédictines.

Nous en avions la larme à l'œil. Mais voici bien
Qu'après son Orémus : «Ah! méchant fils de chien!»
Cria la vieille, «attrape!» —Et de sa patte croche,
Elle prit son sabot qui traînait là, tout proche ;
Et pan! le fit claquer au nez du sacripant.

Et les voilà, tous deux, de nouveau s'agrippant,
Pendant qu'aux trous béants du grand clocher sonore
Les derniers sons de l'angélus vibraient encore.

ITE, MISSA EST

Sans médire d'aucun district, d'aucun canton,
Là, soyons francs, chez nous, au pays bas-breton,
On n'est pas bon chrétien, ni de mœurs accomplies,
Si l'on refuse, après messe, vêpres ou complies,
D'aller faire à l'auberge une heure ou deux d'arrêt.
L'église nous conduit, tout droit, au cabaret.

Aussi, quelle cohue au sortir de la messe !
Jamais foire, jamais Christmas, jamais Kermesse
N'offrit, à l'œil ravi des vieux Téniers rêveurs,
Groupes plus animés de splendides buveurs.

D'abord, tout est tranquille et calme. L'on s'attable.
Le cidre, doux à l'œil, au gosier délectable,
Écume dans les bols, qui se vident d'un trait.
La servante, au tonneau, comme aux vaches qu'on trait,
S'accroupit, et d'un jet, remplit les tasses vides.

L'aubergiste, empressé près des clients avides,
Derrière son comptoir, trinque avec chacun d'eux ;
Aimable, tout à tous, sert un verre, en boit deux,
Cause, encaisse ses sous, va, vient, se multiplie,
Fait boire tout son monde, et jamais ne s'oublie,
Formidable buveur, à l'estomac profond,
Impossible à remplir comme un tonneau sans fond.

Cependant, on s'échauffe. On a le geste libre.
On s'interpelle. L'œil s'anime . La voix vibre.
Tous fument. Et, déjà, tous parlent à la fois.

Déjà même, au-dessus du tumulte des voix,
Quelque juron sonore éclate. L'eau-de-vie,
Dans les verres rangés en bataille, est servie.
Ce petit lait se boit par litre. Dans les coins,
Des couples amoureux se causent, sans témoins ;
Les jeunes gars, moitié hardis, moitié timides,
Pendant qu'elles, déjà rouges, les yeux humides,
Promptes à la riposte, et la mine en dessous,
Sirotent longuement des liqueurs à deux sous.

Là-bas, dans l'âtre obscur, sont les vieilles buveuses,
Crachant, la pipe aux dents, et les lèvres baveuses.
—Ah ! vieille chatte, vieux biberon, vieux grigous,
C'est encore pour la fièvre, et pour vos 'pistigous'[7],
Que vous lichez si bien la goutte du dimanche ?
Allons, essuyez-vous le museau sur la manche,
Et redoublez ! Bravo, vieilles, buvez toujours !
Le 'vulnéraire'[8] est fait pour allonger vos jours !

Holà ! sur tous les points ; l'ivresse se débraille.
Tout à l'heure on criait. Et maintenant, on braille.
Debout, près du comptoir, les buveurs, chancelants,
Ivres, la joue en feu, les yeux étincelants,
Se parlant à deux pas, clament à pleine bouche.
Les uns, soûlards grincheux, ont le cidre farouche :
Ceux-là sont les rageurs, les faiseurs d'embarras,
Qui, les sourcils froncés, ont l'air de fier-à-bras.
D'autres, les bons vivants, à face réjouie,
Ronds comme des gorets, la panse épanouie,
Rivaux des sacristains à la voix de stentor,

---

[7] Je n'ai pas la prétention de connaître tous les termes locaux usités dans les pays bretons ; mais, dans notre pays Cornouaillais, le mot 'pistigou' est le mot technique qui s'applique aisément à mille petites infirmités servant de prétexte aux ivrognes pudibonds pour absorber du 'vulnéraire'.
[8] 'Vulnéraire', eau-de-vie assez faible, aromatisée d'anis.

Chantent, à plein gosier, le 'Veni Creator'.
En voilà deux, là-bas, deux larmoyeurs stupides,
Qui, nez à nez, durant trois heures insipides,
Ayant causé bétail, pailles, foins, et chevaux,
S'embrassent, en pissant de l'œil comme des veaux.
C'est le commencement de la fin. La cohue
Des buveurs attardés se pousse dans la rue.
Et là, tous, alignés sur le bord du chemin,
Contre les murs poudreux s'arc-boutant de la main,
Font couler, au pignon des maisons étonnées,
L'interminable flux des choses entonnées,
Poussant à l'océan[9] un fleuve de boissons,
Capable de noyer la mer et ses poissons.

Cela fait, on se quitte. On part. C'est la déroute.
Chacun tire de son côté, cherchant sa route.

Or, la nuit tombe et l'ombre emplit les chemins creux.
D'un pas furtif et lent, les couples amoureux
Glissent sous la ramure aux feuilles frémissantes...
Et, de peur d'effrayer les filles rougissantes,
La Lune, mérétrice au sourire indulgent,
Tire un rideau discret sur son disque d'argent.

---

[9] 'Sans médire d'aucun canton', comme il est dit en tête de ce court poème, l'auteur a assisté à cette scène, tout proche de la mer. Il en a vu bien d'autres, en plein continent.

LA CHANSON DU CIDRE

ROMÉO ET JULIETTE[10]

Ils allaient, se tenant par la main, côte à côte,
Marchant tout doucement, pour mieux gravir la côte
Qui monte de la grève au bourg de Ploaré
Lui, très jeune et très blond, superbement paré,
Dans son col empesé, joli comme une fille,
Portait le grand chapeau, tout garni de chenille[11].

Elle était ravissante, avec ses dix-sept ans
Qui rayonnaient au feu d'un soleil de printemps,
Une Cérès enfant, radieuse et vermeille.
Son corsage brodé, comme un corset d'abeille,
Emprisonnait sa taille, aux contours vigoureux,
Où devaient s'allumer les yeux des amoureux.
Qu'elle était belle, avec son tablier de moire,
Couleur mauve, garni d'une dentelle noire!
Sa jupe de drap fin, aux plis droits, longs et lourds,
S'enrichissait d'un large et quadruple velours.
Mille petits oiseaux gazouillaient sur sa route,
Disant son nom. Son nom? Ce n'était point, sans doute,
Juliette Capulet. Mais qu'importe à l'amour?
Celle-ci s'appelait Yvonne Marc'hadour.

Sa fraîcheur répandait un parfum autour d'elle.
Ses yeux bleus reflétaient, dans leur miroir fidèle,
La parfaite candeur d'un cœur vierge qui dort,

---

[10] Vu sur la route de Kerlaz à Ploaré, un jour de noce.
[11] Le mot propre est 'chenille'. Dans beaucoup de cantons de la Cornouaille, les chapeaux sont ornés d'un très large ruban de velours noir, et d'une chenille de couleurs variées.

Comme devaient dormir les cœurs de l'Age d'or.
Respirant largement la brise matinale,
Elle allait, promenant sa beauté virginale,
Sans nulle inquiétude, et sans désir troublant,
Impassible à l'amour comme un beau marbre blanc.
Mais, femme, en tout semblable à la Diane antique,
Elle ignorait l'amour, et son divin Cantique,
Dans l'attente de quelque Endymion vainqueur
Qui dérangeât sa joie, et lui touchât le cœur.

C'était un jour d'avril, pur, clément et splendide,
Fait par Dieu tout exprès pour ce couple candide.
Or, ils allaient, tous deux, au bourg de Ploaré,
Prendre part au festin de noce préparé
Chez maître Jean Le Du, le traiteur à la mode,
Qui, pour les bals, possède un hangar très commode.
En approchant du bourg, au détour du chemin,
Roméo n'osait plus la tenir par la main.
Très à regret, il lui rendit son parapluie.

Ainsi, tout en marchant, l'heure s'était enfuie,
Sans qu'il eût même osé lui dire un mot tout bas.
Il aurait bien voulu. Mais il ne savait pas.
Le premier mot d'amour est si terrible à dire!

Elle était bien tranquille, ignorant son martyre.
Tout le long de la route, il avait dit vingt fois:
«Il fait beau temps, Yvonne». Et, de la même voix,
Yvonne répondait: «La journée est très belle».
Et l'heure avait passé, si brève, à côté d'elle,
Et pas un mot, pas même un regard d'amitié!

Mais, à l'auberge, il fut plus hardi de moitié.
Yvonne, après avoir miré son beau costume,
S'était assise. Et lui, comme c'est la coutume,

Debout, près du comptoir de maître Jean Le Du,
Lui dit: «C'est moi qui paie. Yvonne, que prends-tu?»

Et l'adorable enfant, avec ses lèvres d'ange,
Répondit doucement: «Moi, je prends un mélange[12]».

---

[12] Mélange cassis cognac. Cette scène remonte à 1884. A cette époque, le mélange était fort à la mode dans les débits de Ploaré. Les costumes d'hommes et de femmes y sont ravissants, surtout le corsage des femmes, entièrement brodé à la soie. Seulement, en Bretagne, le réalisme reprend vite le dessus, quand on entend ces charmantes petites paysannes de seize ans, si belles près du comptoir, demander des mélanges, cinq et six fois, de suite…

LA FLEUR PRÉFÉRÉE[13]

Oh! La plus douce fleur du paradis d'Armor,
Dont je voudrais chanter, dans des strophes de flamme,
L'Alléluia d'amour, ce n'est pas l'ajonc d'or,
Ni le genêt, ni la bruyère, c'est la Femme.

Félibres blonds, chantez les filles de Scaër!
Bannalec, Pont-Aven sont plein d'Arlésiennes.
Chantez l'âpre beauté des vierges de la mer,
Et le rire agressif de nos Morlaisiennes.

Chantez le galbe pur des filles de Trégor,
Et la blondeur d'épis des belles Paimpolaises.
Et, sur les bords de l'Aulne, au somptueux décor,
Chantez un los d'amour pour les Saint-Ségalaises.

O les splendides fleurs, sous leur coiffe de lin!
On dirait, en voyant leurs yeux noirs d'Andalouses,
Que le Guadalquivir arrose Châteaulin.
Elles rendraient leurs sœurs de Séville jalouses.

Choisissez donc parmi ces fleurs, bardes bretons!
Quand vous irez, là-bas, au pays gaélique,
Prenez-en trois, parmi celles que nous chantons:
Vous ne trouverez pas de fleurs plus symboliques.

Les Gaëls n'auront pas assez de harpes d'or,

---

[13] Enquête sur le choix d'une fleur symbolique de Bretagne, ajonc, genêt, bruyè-re, etc, avant le voyage des bardes bretons aux Fêtes de Cardiff, en 1899. *Clocher breton*, mars 1899.

Pour célébrer, là-bas, celles qui sont nos Muses.
L'Écosse n'aura pas assez de cornemuses
Pour chanter la beauté des filles de l'Armor.

LE LUTRIN DE MONSEIGNEUR GRAVERAN
HISTOIRE VRAIE

Un jour, Perr-ar-C'hloïer, le bedeau de Braspart,
Et son illustre ami, dont j'ai fait, quelque part[14],
Un portrait fort brutal, mais véridique en somme,
Car ce Renan-Le-Loup était un diable d'homme,
Un très original et têtu Bas-Breton,
Qui s'affublait toujours d'une peau de mouton ;
Un jour, Perr et Renan s'ennuyant au village,
Complotèrent entre eux de faire un grand voyage.
L'entreprise était folle, et le but très lointain :
Il s'agissait d'aller à Quimper-Corentin !

Ah ! de nos jours, pardieu ! cela ne compte guère.
Mais nos bons ascendants voyageaient peu naguère,
Quoiqu'on eût fait, pour eux, avec ses six relais,
La grand'route qui va de Quimper à Morlaix.
D'ailleurs, peu soucieux du progrès, nos deux hommes
Ne voyageaient qu'à pied, étant très économe.
De plus, les bonnes gens de Braspart sont des gens
Très attachés au sol, casaniers, point changeants.
Restant chez eux, s'aimant comme cousins cousines,
Et fréquentant très peu les paroisses voisines.
On cite, cependant, quelques audacieux
Qui, jusqu'à Châteaulin, bien loin, sous d'autres cieux,
Colportent les produits du mont et de la plaine,
Soit le beurre, les œufs, les guignes et la laine.

---

[14] Dans 'l'Andouille du Recteur'.

Quant à nos pèlerins, le jour de leur départ,
Ils n'avaient jamais vu que le bourg de Braspart
Quimper était pour eux une cité lointaine,
A moitié fabuleuse et peut-être incertaine,
Existant quelque part, on ne savait juste où,
Comme qui dirait bien la Mecque ou Tombouctou,
Cité vaste, d'ailleurs, cité très magnifique,
Jouissant d'un Préfet, vice-roi mirifique,
Tout habillé d'argent, mais moins superbe encor
Que l'Évêque, coiffé d'un bonnet tout en or.

Ce fut un vendredi, fort tard, la nuit venue.
Que le couple atteignit la grand'ville inconnue.
Ils arrivaient très las, les bas sur le talon.
Ajoutons que, marchant sous un soleil de plomb,
On avait chopiné tout le long de la route.
Le matin, à Ty-Guenn, en cassant une croûte,
Il avait fallu boire et s'arroser le bec.
A Pleyben, chez Flochlay, nos deux gosiers à sec
Avaient ingurgité de très fortes bolées.
Après, comptez combien d'auberges isolées,
Entre le Pont-Caublanc et le bourg de Briec.
D'abord Gargantua, qui se trouve en Gouézec,
Et puis ce coupe-gorge affreux des Trois-Fontaines,
Très fréquenté, la nuit, par des croquemitaines.
A Briec, on dut boire un coup chez Pétillon,
Deux ou trois chez Maguer, quatre chez Darcillon ;
Puis l'on toucha Ty-Ruz, le Penity, bien d'autres
Dont j'ai perdu les noms, mais dont nos bons apôtres
Ne laissèrent passer aucun sans boire un coup.
Donc, ayant cheminé longtemps et bu beaucoup,
Maîtres Perr et Renan se pourvurent d'un gîte.
Et ronds comme boudins, s'endormirent très vite.

Le lendemain, après douze heures de repos,

33

Nos gaillards, bien lestés de soupe et très dispos,
Visitèrent la ville, et furent tout moroses
De voir que la légende avait enflé les choses.

Ah ! le Quimper d'antan, causons un peu de lui.
Ce n'était plus alors le Quimper d'aujourd'hui.
C'était Quimper-le-Vieux, Quimper-Corisopite,
Dont l'historique sol sous le pavé palpite,
Se souvenant d'avoir, dans le passé si long,
Vu régner les Césars, et vu trôner Grallon.
C'était la ville vieille, un peu prude, un peu grise,
Idéalement calme et de repos éprise,
Voyant couler le temps, aussi tranquille et doux
Que les eaux de l'Odet sur leur lit de cailloux.
Les monuments d'alors n'étaient plus que des ombres.
Le collège attristait les yeux de ses murs sombres.
Les remparts s'écroulaient et les vieux Cordeliers
Allaient faire la place à des quais réguliers.
Parmi tous ces débris, la cathédrale seule
Gardait superbement sa jeunesse d'aïeule.

Un homme de grand cœur et de grande raison,
Monseigneur Graveran, Crozonais de Crozon,
Était alors, selon la formule d'usage,
Évêque de Quimper et de Léon. Ce sage,
Ce modeste prélat, ce pasteur simple et doux,
Vrai Myriel breton, est mort pleuré de tous.
Monseigneur Graveran aimait sa cathédrale,
Comme un bon amiral sa frégate amirale.
Son vaisseau lui plaisait : c'était tout son orgueil ;
Mais les flèches manquaient à la mâture en deuil.
Alors, il fit appel à toutes ses ouailles :
Et les sous du Léon, les sous de Cornouailles
Tombèrent dru, si dru, dans les vieux plats d'étain,
Qu'on acheva ses tours au grand saint Corentin.

D'autres, continuant, plus tard, l'œuvre pieuse,
Ont embelli l'église inclyte et glorieuse
Qui mire dans l'Odet ses tours en Kersanton.
— O lointains souvenirs du chef-lieu bas-breton!
Des bicoques en bois, aujourd'hui disparues,
De vieux taudis croulants, comme un tas de verrues,
Lèpre hideuse autour du monument béni,
Souillaient de leur contact la splendeur du granit.
Hélas! ce n'était rien encor que ces masures!
Mais, au dedans, ô honte! ô crime! les voussures,
Les arceaux où pendaient les écus expressifs,
Les croisillons légers et les piliers massifs,
Tout, d'en bas jusqu'en haut des voûtes magistrales,
Fenêtres, parois, nef, chapelles latérales,
Tout ce chef-d'œuvre exquis disparaissait aux yeux,
Badigeonné de jaune, et d'un jaune odieux!
On dut recommencer l'œuvre du Moyen-Age,
Pierre à pierre, et gratter l'affreux badigeonnage.

Quelle œuvre! c'est alors que Monseigneur Sergent
Vint à son tour, aidé de maître Yan Dargent,
Dont le pinceau fécond, sur des stucs peu durables,
Couvrit les larges murs de fresques innombrables.

Ici, nous retrouvons maîtres Renan et Perr.
Nos pèlerins avaient parcouru tout Quimper,
Quand, enfin, arrivés devant la cathédrale,
On les vit, chapeau bas, sous la porte centrale,
Hésiter, se signer, puis entrer bravement.

L'immense église était déserte en ce moment.
Un absolu silence, un silence plein d'ombre,
Tombait, pesant, du haut des arcades sans nombre,
Et ce silence avait quelque chose de froid,
Qui leur mettait au cœur comme un frisson d'effroi.

Serrés l'un contre l'autre, emplis d'inquiétude,
Au milieu du silence et de leur solitude,
Ils avaient presque peur du bruit de leurs souliers,
Que l'écho renvoyait de piliers en piliers.
Peu à peu, cependant, nos gars se dégourdirent!
Et, ma foi, retrouvant leur langue, ils s'enhardirent
Jusqu'à parler tout haut comme deux effrontés.

C'est ainsi qu'ils allaient, quand, par les bas-côtés,
Un groupe endimanché, venu pour un baptême,
Entra. Bientôt après, l'officiant lui-même,
Vint, suivi d'un enfant de chœur et d'un bedeau.
Le marmot, qu'on allait bourrer de sel et d'eau,
Comme s'il eût déjà pressenti son supplice,
Les poings crispés, criait aux mains de sa nourrice.
Pendant qu'autour de lui les gens allaient leur train,
Deux chantres chevrotant s'asseyaient au lutrin,
Chantres enchifrenés, lamentables et blêmes,
De ceux que l'on emploie aux tout petits baptêmes.

Or, comme ils entonnaient le 'Te Deum' vainqueur,
Sans souffle, sans poumons, sans courage et sans cœur,
Chantant du nez très faux, les deux faisant la paire,
Maître Renan poussa du coude son compère:
«Peuh! dit-il, ces gens-là n'iront pas jusqu'au bout.
«Viens, fils!» et les voilà tous deux, plantés debout.
Devant le grand pupitre où les deux mercenaires
Crachaient péniblement leurs versets poitrinaires.
Ah! jourdedi! du coup, l'hymne changea de ton!
Renan, les bras croisés sous sa peau de mouton,
Dressant son buste fort et sa face rougeaude,
Lâcha toute sa voix, tonitruante et chaude,
A pleine gueule, ainsi qu'un taureau mugissant.
Les vitraux, secoués par ce souffle puissant,
Dans leurs gaines de plomb grincèrent et frémirent.

Au fond, les longs tuyaux des orgues en gémirent :
Et l'édifice entier, si calme auparavant,
Trembla, comme ébranlé par un grand coup de vent.
Une voix cependant perçait dans la tempête :
C'était Perr, maître Perr, qui, de sa voix de tête,
Ténor ténorinant, chantait à l'unisson,
Comme une clarinette auprès d'un gros basson.
Quant aux chantres poussifs, hélas ! les pauvres diables
Baissaient sous l'ouragan leurs nuques pitoyables,
Tout grelottants de peur, croyant que Lucifer
Conduisait derrière eux ce 'Te Deum' d'enfer.

Tandis que se passaient ces dramatiques choses,
Monseigneur Graveran, tout entier à ses roses,
Se promenait dans son jardin en gros sabots.
Jamais ses chers rosiers n'avaient été si beaux ;
Et, l'arrosoir en main, le vénérable apôtre
Leur souriait, en les servant l'un après l'autre.
L'atmosphère était douce et le soleil clément.
Partout la paix. Hélas ! c'est juste à ce moment
Que Perric et Renan, nos deux fiers partenaires,
S'amusaient à remplir l'église de tonnerre…
L'Évêque au beau milieu du jardin s'arrêta.
Pâle, inquiet, dressant la tête, il écouta.
D'où venaient ces rumeurs ? sans doute de la place ?
Non ! de l'église ! Alors, c'était la populace ?
C'était l'émeute encor prête à tout saccager ?
L'Évêque, en bon soldat, courut droit au danger.
La soutane défaite, en sabots, hors d'haleine,
Il arrive, croyant sa cathédrale pleine.
Et que voit-il, bon Dieu ? Deux chantres au lutrin !
Deux chantres ! Rien que deux pour mener un tel train !

C'est du prodige. Alors il admire, il savoure
Ce couple montagnard, crâne et plein de bravoure,

37

Ces deux robustes gars, campés solidement,
Qui, sans savoir chanter, chantent splendidement.
Jamais à Notre-Dame ou Saint-Pierre de Rome,
On n'entendit chanter de pareilles voix d'homme !
Monseigneur Graveran les écoutait encor,
Quand le dernier verset, dans un dernier accord,
Comme une vague énorme élargissant ses ondes,
Expira longuement sous les voûtes profondes.

Nos chantres satisfaits, reprenaient leur chemin,
Et, très fier, s'en allaient, leur penn-baz à la main,
Sans réclamer aucun salaire pour le rôle,
Quand l'Évêque, après eux, leur frappa sur l'épaule :
« Mes compliments, dit-il ; mais d'où donc êtes-vous ?
« — Du pays de Braspart. — Ah ! du pays des loups ?
« Tout juste, Monseigneur. — Je connais la contrée,
Dit l'Évêque, « et j'ai vu les montagnes d'Arrée,
« Où l'on rencontre autant de loups que de moutons,
« Mais je ne savais point qu'en vos lointains cantons
« On trouvait au lutrin des gars de votre taille.
« Or, mon lutrin à moi, manque de basse-taille.
« Mes ténors sont poussifs, et mes vieux barytons
« Sont fêlés du gosier comme des mirlitons.
« Je vous garde. — Oh ! que non, Monseigneur ! — Chose faite,
« Vous dis-je, c'est demain dimanche, grande fête.
« Vous chanterez ici demain, après-demain,
« Toujours... C'est dit. Allons, topez là, dans ma main !
« Douze cents francs chacun et vous êtes mes hommes !
« — Impossible ! Impossible ?... — Oui, Monseigneur, nous
                                                        sommes
« De Braspart : ce sol-là, voyez-vous, c'est charmeur :
« Quand on naît là-dessus, on y vit, on y meurt.
« — Mes gaillards, vous avez des têtes basses-brètes !
« Le granit en est dur, montagnards que vous êtes !
« Et bien, ce sera donc six cents écus par an.

«Vous entendez ? reprit monseigneur Graveran,
«Dix-huit cents francs tout ronds, comme mes Grands
Vicaires !
«—Six cents écus ! bon Dieu, nous ne les valons guère.
«Merci, non, Monseigneur. C'est trop d'honneur pour nous.
«Adieu : nous retournons dans le pays des loups...»

L'ANDOUILLE DU RECTEUR

I

RENAN-LE-LOUP ET TONTON JEAN
PRÉSENTÉS AU LECTEUR

Renan-le-Loup était un vigoureux bonhomme
De soixante ans, au teint rouge comme une pomme,
L'œil petit, mais très vif est très malicieux,
Avec des sourcils gris en touffes sur ses yeux.
Acerbe et dur, railleur terriblement farouche,
Les sarcasmes sifflaient en sortant de sa bouche.
Quand il ne raillait point, il était amusant.
Son répertoire aussi varié que plaisant,
Poivre, sel et piment, vous dégoisait des choses
Qui, ma foi, remuaient la panse aux plus moroses.
C'était, en somme, avec son air très goguenard,
Quelque chose comme un Rabelais campagnard.

Au fond, il n'était point très méchant, le rustique.
Mais, poussé par sa verve endiablée et caustique,
Il mordait tout le monde, emportant le morceau,
Tant pis pour le grincheux et tant pis pour le sot!
Quoi que ce fût un gai conteur de rimodelles,
Les femmes le craignaient, car il médisait d'elle,
En langue basse-brète, avec des mots tout cru,
Des mots tout rouge-vif qu'il crachait gras et drus.
Malgré tout, — me croira qui voudra sur parole —,
Le meilleur et le seul ami de ce vieux drôle,
C'était notre Recteur, un bonhomme indulgent
Et doux, que tout le monde appelait Tonton Jean.

Tonton Jean, détaché des choses de la Terre,
Vieillissait doucement dans son vieux presbytère.
Très alourdi par l'âge, obèse, est très épais.
Il vivait ou plutôt il s'éteignait en paix.
Tout était vieux chez lui, Fanch Camm, son domestique,
Et la vieille Catho, carabassen antique,
Borgne, bègue, toujours du tabac plein son nez,
Dont les plats du Tonton étaient assaisonnés.
Ces trois hôtes muets du presbytère sombre
Achevaient en commun leurs longs jours tissés d'ombre.

A la même heure, après sa soupe, chaque soir,
Tonton Jean s'en venait très lourdement s'asseoir
Dans un des deux fauteuils en bois de la cuisine,
Près de l'âtre, éclairé d'un morceau de résine.
C'est là, qu'il se plaisait, le saint homme de Dieu!
Satisfait, largement assis au coin du feu,
Croisant ses grosses mains sur sa bedaine ronde,
L'âme en paix avec Dieu comme avec tout le monde,
Il fumait, il humait sa pipe longuement,
Délicieusement et paresseusement.

Cependant, engourdi par la chaleur de l'âtre,
L'œil demi clos, noyé dans la vapeur bleuâtre
De sa pipe, on voyait Tonton Jean s'assoupir.
Et, tout d'abord, c'était comme un léger soupir

Qui glissait en sifflant sur sa lèvre pendante,
Puis peu à peu, suivant une gamme ascendante,
D'énormes ronflements succédaient… Et, bientôt,
Tout ronflait, Tonton Jean, Fanchic Camm, et Catho.

II
LA CONFESSION DE LA VIEILLE MAHARIT

Un jour, —oh! ces jours-là, quelle corvée amère!—
Tonton Jean confessait une vieille commère.
Tonton Jean n'aimait point son confessionnal.
Il y baillait autant qu'un juge au Tribunal;
Et, mon Dieu, bien souvent, malgré lui, le bonhomme
S'oubliait dans sa boîte, et dormait un bon somme.

Précisons bien le jour: c'était un samedi,
Veille de Pâque, une heure ou deux après-midi
Desservant de l'endroit depuis quarante années,
Tonton Jean connaissait toutes ses abonnées:
Celle-ci lui venait cinquante-deux fois l'an:
C'était Maharit Goth, la femme de Renan.

Comme il savait par cœur les péchés de la vieille,
Tonton Jean s'installa, non pour prêter l'oreille,
Mais pour faire sa sieste; et déjà le sommeil
Empourprait, moite et doux, son visage vermeil,
Quand il fut arraché de sa béatitude,
Par des soupirs plus gros encor que d'habitude.

«—Ho! ho! ma fille, quoi de neuf? dit le Tonton.
«—Allaz! Allaz! Allaz! dit la vieille Gotton,
«Bien sûr, je n'aurai pas mes Pâques cette année!
«—Et pourquoi donc ma fille? —Allaz! Je suis damnée!
«—Bah! le bon Dieu n'est point si méchant que cela.
«—Allaz! Diantre, il est donc bien gros, ce péché-là?
«—Tad[15], vous avez, dit-on, dans votre cheminée,

---

[15] Père.

42

«Une andouille superbe, et vieille d'une année,
«Une andouille de Pâques... —Oui, ma fille, c'est vrai.
«Et, s'il plaît au bon Dieu, demain, j'en mangerai.
«—Tad, cette andouille-là n'est point pour votre table.
«Et, certes, ce n'est pas le bon Dieu, c'est le Diable
«Qui veut y mordre — Oh! oh! c'est donc lui le filou?
«—Oui, le diable, ma foi. Car c'est Renan-le-Loup
«Qui, ce soir même, doit la décrocher, mon père.
«—Va, puisqu'il aime tant l'andouille, le compère,
«Qu'il la prenne! — Ah! bien mieux! il a même, aujourd'hui,
«Choisi douze invités pour festoyer chez lui,
«Et pour manger, demain, l'andouille, après la messe!
«—Eh bien, il ne faut pas qu'il manque à sa promesse :
«Qu'il la prenne! —Et moi, tad, ne pêcherai-je point,
«La faisant cuire? —Non, si tu la cuis à point,
«Allaz! Allaz! Allaz! vous absolvez l'andouille.
«Mais consentirez-vous que Renan vous dépouille
«De votre cidre aussi, par-dessus le marché?
«—De mon cidre? —Oui, ce soir, quand vous serez couché,
«Renan et deux ou trois compagnons de maraude
«Forceront votre grange, et commettront la fraude.
«Votre cidre est très bon : il vient de Kermerrien.
«Mais, celui de Renan, mon père, ne vaut rien.
«Il vous glissera donc son vinaigre en échange.
«—Il a cent fois raison, dit Tonton Jean ; qu'il mange
«L'andouille et boive aussi mon cidre! Il a raison.
«Ma grange est tout ouverte ainsi que ma maison.
«Jésus, sur le calvaire, avait bu du vinaigre.
«Je puis, pour l'imiter, boire un peu de cidre aigre.
«Mon cidre était trop bon et je l'ai trop vanté ;
«Va donc en paix, ma fille, et bois a ma santé.»

III
LE DÉPENDEUR D'ANDOUILLE

Ce soir-là, Tonton Jean, à l'heure accoutumée,
Fumait sa vieille pipe au tison allumée,
Lorsque Renan-le-Loup entra, disant « bonsoir »,
Et dans le grand fauteuil de gauche vint s'asseoir.

Là, dans son coin fameux, pendait l'illustre andouille.

Catho, tout maugréant, déposa sa quenouille,
Et tira de l'armoire une bouteille en grès
Qui passa de ses mains, hélas, non sans regrets,
Dans celles de Renan, grand expert en buvaille.
« — Oh ! Oh ! dit-il, Catho, ce cidre-là travaille !
« Catho, vite ! approchez les écuelles, plus près ! »
Et pouff ! d'un coup de pouce, il déboucha le grès,
D'où la blonde liqueur jaillit toute fumante.
Renan-le-Loup saisit son écuelle écumante,
Et, heurtant prudemment l'écuelle du Tonton :
« A votre santé, tad ! » dit le rusé Breton.
« A ta santé, mon fils, » répondit le bonhomme.
— « Hut ! dit Renan, voilà, voilà du jus de pomme !
« Voilà du cidre, au moins ! En avez-vous encor ?
— « Une barrique. — Ah ! tad, il vaut son pesant d'or ! »

Chaque fois que Renan faisait une visite,
C'est toujours sur ce ton que le vieux parasite,
Tout en lampant son cidre, emmiellait le Recteur.
Tonton Jean n'était point dupe de l'imposteur.

Puis, nos causeurs, épris de la langue bretonne,
Poursuivaient longuement leur thème monotone,

Renan buvant toujours, pendant que le Tonton
Voyait couler son cidre au gosier du glouton.

Or, neuf heures sonnaient à l'antique clepsydre,
Et Renan achevait sa bouteille de cidre,
Quand, juste à ce moment, qui devint solennel,
Le pauvre Tonton Jean, dormeur sempiternel,
Inclina mollement sur sa vaste poitrine,
Sa bonne grosse face épaisse et purpurine.

C'était l'instant précis que Renan attendait.
L'andouille merveilleuse était là qui pendait.
Fanch Camm ronflait. Catho dormait sur sa quenouille...
Renan, d'un tour de main, flip! décrocha l'andouille,
La fourra prestement sous sa peau de mouton,
Se glissa vers la porte… et bonsoir au Tonton!

Ah! Ne te hâte pas de rire, bon apôtre!
Tonton Jean ne dormait que d'un œil, et, de l'autre,
Comme un vieux chat rusé, sommeillant à dessein,
Il t'a vu, mon fripon, il a vu ton larcin.
Et cet œil-là, Renan, ce regard en coulisse
Était si plein de joie intense et de malice,
Qu'il t'eût pétrifié, si tu l'avais surpris.
Va donc, vieux criminel! vieux loup, te voilà pris!
Va, dépendeur d'andouille, on va t'ôter l'envie
De dépendre jamais d'andouille de ta vie!

Disons rapidement qu'une bonne heure après,
Les compères soiffeurs que Renan tenait prêts,
Enlevèrent sans bruit le cidre de la grange,
Et, très honnêtement, pratiquèrent l'échange.
— Troquer n'est point voler, convenons de cela!
Or, avant eux, Tonton avait passé par là!
Qu'avait-il fait si tard dans la grange? mystère!

Ce qu'on put voir, c'est qu'en rentrant au presbytère,
Il se frottait les mains avec un air vainqueur,
Et qu'en s'allant coucher, il riait de bon cœur.

IV
LE FESTIN DE L'ANDOUILLE

La maison de Renan touchait au presbytère.
Eh bien, c'est là, malgré ce voisinage austère,
Malgré la Pâque sainte, à l'angélus sonnant,
Qu'on vit entrer les douze invités de Renan.
Douze bons gars, munis d'estomacs formidables,
Douze sacs à boudin, abîmes insondables,
Et d'autant plus dispos, quoique dispos toujours,
Qu'ils venaient de jeûner durant quarante jours.
Ah! quels gouffres, après quarante jours de maigre,
Après quarante jours de bouillie au lait aigre!
Quels ogres, Dieu de Dieu! Ce fut presque effrayant
De les voir tous les douze à table s'asseyant.

Ah! pas si bête ; point de femmes! Les femelles
Étaient à leurs chaudrons, marmites et gamelles,
D'où montait une odeur d'andouille et de ragoût
Qui remplissait la chambre et vous mettait en goût.

Renan suivait d'un œil radieux ses complices
Qui, très impatients, flairaient avec délice
Le fumet de l'andouille et de la soupe au lard.
Certes, il ne disait rien de son vol, le roublard!
Il n'en devait parler que la fête finie,
Pour leur fourrer le nez dans son ignominie.
Car c'étaient tous des gros légumes, s'il vous plaît!
C'étaient les hauts bonnets du bourg au grand complet:

Monsieur le maire et les adjoints, le secrétaire,
Monsieur l'agent-voyer, et monsieur le notaire,
L'instituteur, l'huissier, monsieur le percepteur,
Et, pour mieux se moquer de toi, pauvre recteur,
Monsieur le brigadier de la gendarmerie,
Un grand diable, connu pour sa gloutonnerie,
Un Gascon, mangeur d'ail, qui, tout en gasconnant,
Vous eût bâfré, tout seul, le fricot de Renan.
Ah! j'en oubliai un: c'est Tuyau, l'organiste,
Tuyau, le long Tuyau, l'inénarrable artiste
Qui nous jouait des airs d'opéra inouïs
Sur des orgues datant du temps de Saint-Louis.
—Oh! ces orgues! C'était mille tuyaux grotesques,
Qui sifflaient quand soufflaient deux soufflets gigantesques,
Sur lesquels s'essoufflaient trois ou quatre gamins.
Alors, Tuyau laissait courir ses longues mains
Sur le clavier criard tenu par des ficelles;
Et les touches grinçaient comme autant de crécelles,
Pendant que les tuyaux, l'un sur l'autre étagés,
Miaulaient comme un tas de matous enragés[16].

Enfin, la soupe au lard, à travers un nuage
De fumée, apparut avec les plats d'usage.
La vieille Maharit, maîtresse de maison,
Et ses nièces, Mary-Jeannic et Louison,
Les jupons retroussés, tabliers, fausses manches,
Pour ne point 'abîmer' leurs robes des dimanches,
Apportèrent les plats très solennellement.

---

[16] Ces détails sont de la plus scrupuleuse exactitude. A l'Elévation, au moment où le prêtre élève l'hostie, Tuyau ne manquait jamais de jouer l'air le plus gai de *Fra Diavolo*. Ceci se passait vers les premières années du Second Empire. L'excellent Tuyau est mort depuis longtemps: c'était le meilleur homme du monde, et ses héritiers ne m'en voudront pas, j'en suis sûr, d'avoir rappelé à mes compatriotes le souvenir de cet organiste original dont les orgues, depuis qu'il est mort, dorment d'un éternel sommeil. Lui seul pourrait les réveiller.

Alors, debout, nu-tête, avec recueillement,
Maître Renan leva sa main patriarcale
Sur la table où fumait la soupière Pascale ;
Et, d'un air très touchant et plein de gravité,
Le drôle récita le 'Bénédicité'.
Là-dessus, on se mit à l'œuvre, comme on pense !
Ah ! l'on allait enfin se réchauffer la panse !
L'on allait se refaire un estomac tout neuf
Avec de bonne soupe au lard et de bon bœuf !

O soupes ! ô grasse soupe ! opulente préface !
O soupe aux larges yeux nageant à la surface !
O carottes ! ô choux, légumes plantureux !
Que c'est bon ! que c'est chaud, et doux, et savoureux !
On bâfre, on souffle, on sue. Et déjà, tout le monde
Tire, pour s'éponger, son mouchoir à la ronde.
Mais la soupière est vide. Allons, Maharidic !
Allons, Louizaik ! Allons Mary-Jeannic !

Et Renan, pour montrer que la soupe était bonne,
Fit un rot qui sonna comme un coup de trombone.
Par politesse, alors, chacun en fit autant,
Car, c'est après la soupe, un usage constant.

La soupe dans le sac, notre bande affamée
Tomba sur le bouilli, sur la vache fumée,
Et sur le lard, servis avec leur complément,
Le far de riz au four et le far de froment.

Déjà l'on s'était mis à boire des bolées
De cidre qu'on lampait à pleines écuellées
La barrique de cidre était là dans son coin !
Avec sa clé de buis au derrière, ouic ! et coin !
Ouic ! ouic ! elle geignait, vous dis-je, à sa manière,
Tant on la tourmentait, la pauvre tétonnière !

Car, du train qu'ils allaient, les treize biberons,
C'en serait vite fait de la mère aux flancs ronds
Mais la voici! voici l'andouille qu'on apporte!
On la sent bien avant qu'elle ait franchi la porte.
Très digne, Maharit s'avance sur le seuil:
Elle est émue. Et c'est toute rouge d'orgueil
Qu'elle porte à deux mains l'immense plat ovale
Où gît, tout de son long, l'andouille triomphale.

Sur un lit de far-sac'h elle dort mollement,
Far-sac'h exquis, far-sac'h de blé noir et froment,
Pudding breton, bourré de ces énormes prunes
Qui marbrent le fond gris de larges tâches brunes.

Ah! tonnerre! du coup les langues vont leur train.
On se pousse du coude, on boit avec entrain.
Hardi! l'andouille est là, ruisselante de graisse,
Et qu'elle est belle, et grosse, et grasse, la bougresse!

Renan, sans plus tarder, mit le couteau dedans.
Les douze compagnons, avec des yeux ardents,
Voyaient se détacher, sous la lame luisante,
Les tronçons succulents de l'andouille grisante.
Mais qu'a-t-il donc? Qu'a-t-il trouvé de surprenant?...
Allons, va jusqu'au bout! coupe et tranche, Renan!
Non... sa main tremble: il est tout blême. Il sonde, il fouille...
Et, très piteusement, il tire de l'andouille
Un long 'brochon' de bois, couvert d'un parchemin;
Lequel, tout déroulé, passa de main en main.
Et l'illustre Tuyau, savant comme Colline,
Lut ces deux vers boiteux d'allure sibylline:

> *Dreberien boezellou*
> *Diwalit d'ho poezellou!*

«Ouais! dit le brigadier, qu'est-ce que ça veut dire?».
Et Tuyau, sur-le-champ, s'empressa de traduire:

Mangeurs de boyaux,
Gare à vos boyaux!
—«Parbleu, Renan! cria Tuyau, la farce est bonne!
«Mais celle-ci, vieux loup, ne trompera personne!
«Tu veux manger l'andouille à toi tout seul. Et bien,
«Tapons ferme dessus, et qu'il n'en reste rien!

—«Tapons dessus!» Ce fut le cri des douze apôtres.
Et chacun se servit, Renan comme les autres.
Or, les autres mangeaient de bon cœur, sans souci,
Riant, la bouche pleine. Et lui riait aussi,
Mais très jaune, la peur le prenant aux entrailles...
Et comme Balthazar voyait sur les murailles
Flamboyer les trois mots vengeurs, Renan le loup
Lisait partout ces mots «Dreberien boezellou!»

«Ils vont tous en crever! dit l'infernal compère.
«Tant pis! Je ne vais pas faire comme eux, j'espère!
«Au diable mon morceau d'andouille! Et oui parbleu!
«Ma part au chien! Ceux-ci n'y verront que du feu.»
Aussitôt, saisissant la minute opportune,
Il vida son assiette... O la bonne fortune!
Turc arriva d'un bond, vous happa le morceau
D'une goulée, et s'en pourlécha le museau.

Cependant, on passait à d'autres exercices:
On venait de servir un grand plat de saucisses,
Toutes roses, nageant dans une sauce d'or.
Deux plats de boudins frits complétaient le décor,
Dont les flancs craquelés, pleins d'herbes succulentes,
Faisaient comme un bouquet d'odeurs affriolantes.

Pardieu! nos festoyeurs furent bien étonnés,
Quand le plat de boudins leur passa sous le nez,
De voir le brigadier, le héros de la fête,

Refuser carrément, et détourner la tête.
Depuis un bon moment, il ne gasconnait plus.
Oui, lui, le fort des forts, le goulu des goulus,
Il restait là, muet, tout pâle, sans haleine,
Plus mort que vif devant son assiette encor pleine.
«Mordioux! dit le Gascon, je ne sais ce que j'ai.
«Mais, positivement, j'ai le corps dérangé.»
—«Diantre! se dit Renan, l'affaire se complique.
«Me voilà propre avec l'andouille diabolique!
«Ils vont tous en crever, c'est sûr!»

Et, justement, le notaire et l'huissier, dans le même moment,
Roulaient des gros yeux blancs, en se tenant le ventre.
Et puis, ce fut le tour du maire… Diantre! Diantre!
        Dreberien boezellou!
        Diwalit d'ho boezellou!
«Bah! dit Renan, tant pis pour ces goinfres, en somme,
«Qu'ils crèvent! quant à moi, je suis sauf!»
Or, notre homme ruminait en son cœur ces pensers déloyaux,
Quand il sentit passer, à travers ses boyaux,
Comme un coup de rasoir lui fendant la bedaine…
O révélation foudroyante et soudaine!
Le cidre, et non l'andouille, était empoisonné!
«—Je suis mort! dit le vieux drôle, je suis damné!»

Tout d'un coup, brouff! avec un fracas formidable,
On vit le brigadier qui se levait de table.
Il jeta son képi, défit son ceinturon,
Descendit l'escalier à grand bruit d'éperon,
Renversa Maharit au seuil de sa cuisine,
Et, mourant, se traîna jusqu'à la cour voisine.
Mais, déjà, sur ses pas, les bretelles en main,
Cinq ou six festoyeurs avaient pris le chemin
Que leur montrait si bien le chef de la brigade.
Oh Dieu! dans l'escalier, quelle dégringolade!

Quels geignements là-haut! L'agent-voyer râlait!
Tuyau, sur le plancher, se roulait et hurlait.
Quant à Renan, en proie à des douleurs atroces,
Il avait tout un nid de couleuvres féroces
Qui dans son ventre en feu grouillaient en se tordant,
Sifflant dans ses boyaux, oui, sifflant, et mordant!
O torture d'enfer! Chancelant et livide,
Il se lève, il regarde... Eh quoi, la chambre est vide?...
Où sont-ils?... Ah pardienne, ils sont là, dans la cour;
On les sent bien! — Alors il se hâte, il accourt,
Il s'aligne, avec eux, le long de la muraille...
Ah! jamais, non jamais, canons crachant mitraille,
Jamais obus sifflant, jamais bombes crevant
N'ont fait tant de fracas, de tonnerre, et de vent,
Que nos bâfreurs d'andouille, en ce jour mémorable...

Or, pendant qu'expulsant la purge inexorable,
Ils étaient là, geignant, peinant à qui mieux mieux,
Voici qu'un gros visage, à l'air tout radieux,
Se montra par-dessus le mur du presbytère.
«—Eh bien, dit Tonton Jean, que dit-on du clystère?
«Comment a-t-on trouvé le cidre du tonton?
«Et toi, là-bas, toi, l'homme à la peau de mouton,
«Tu te caches, vieux loup? Tu te voiles la face?
«Hein, la purge était bonne, ami?...Grand bien te fasse!»

MARQUISE ET PAYSANNE
1886

I

Madame, ce matin, vous sortiez de la messe.
On vous voyez causer, fort amicalement,
Avec Suzanne Orven, qui doit, prochainement,
Changer, contre un anneau, sa bague de promesse.

Et bien, voyez combien les poètes sont fous,
Et combien leurs serments sont d'espèce fragile :
Avant ceci, j'aurais juré, sur l'Évangile,
Que nulle femme n'est aussi belle que vous.

Vous êtes, on le dit, la plus délicieuse
Des marquises. Paris, dans ses salons dorés,
Apporte son hommage à vos pieds adorés,
Comme à la toute belle et toute gracieuse.

Oui, la grâce rayonne en vous. Elle est partout,
Dans vos yeux, dans vos airs de fée enchanteresse,
Et, comme Charles-Neuf, parlant de sa maîtresse,
Vous pourriez, à bon droit, dire : «Je charme tout».

Mais comment se fait-il qu'étant près de Suzanne,
Vous perdiez cent pour cent à la comparaison ?
Cela vous fâche ? Hélas, j'ai tort d'avoir raison.
Pourtant, jetez les yeux sur cette paysanne.

Voyez-la : quelle force unie à la candeur !

Quelle vierge ! On dirait que la mère Nature,
Pour lui donner le jour, dénoua sa ceinture
Dans quelque Éden, plein de soleil et de splendeur.

C'est la jeunesse. C'est le printemps. C'est l'aurore !
Mais, malgré la chaleur d'un sang pur et vermeil,
L'amour, qui va, bientôt, déranger son sommeil,
Touche à peine son cœur, sans qu'elle en souffre encore.

De là, son air modeste, et sa simplicité.
Elle est timide. Elle a sa jupe des dimanches,
Tout unie, et sa coiffe, aux larges ailes blanches,
Qui rehausse l'éclat de sa virginité.

Toute fleur, même vous, pâlirait devant elle.
Pourtant, là, près de vous, riche de tant d'appas,
Rougissante, un peu gauche, elle ne songe pas
Qu'elle est votre rivale, et, peut-être, plus belle.

II

Car, vous, que faites-vous de vos charmants attraits ?
Regardez-vous un peu des pieds jusqu'à la tête :
Vous ne voyez donc pas la fraude est complète,
Et que tout ment chez vous, même jusqu'à vos traits ?

Vos yeux, vos yeux profonds, dont rêvent les poètes,
Ombragés de cils bruns que Junon envierait,
Vous osez les charger d'un onguent indiscret,
Et vous avez vingt ans, profane que vous êtes.

Oui, profane : on vous voit, des pinceaux à la main,
A l'instar des Phrynés, salir vos lèvres roses,

Où l'abeille viendrait, pour butiner des roses,
Si vous n'y frottiez pas un trop fréquent carmin.

Et votre corps si beau, fût-il vêtu de bure,
Œuvre marmoréen que Dieu fit sans défauts,
Vous trouvez le moyen, en l'affublant de faux,
D'en torturer la ligne idéalement pure.

Vous ne voudriez pas user du réseau d'or
Dont se parait, la nuit, la Luxure romaine,
Pour ce beau sein qui nous rappelle la Chimène,
Quand elle s'offre en prix au Cid Campeador ?

Car c'est un sein hardi, que ce trésor d'albâtre.
Il ne vous suffit pas : vous portez de faux seins.
On le dit. Nul, pourtant, n'a pu voir ces coussins,
Sous lesquels votre cœur ne frémit pas de battre.

Qui n'a pas admiré, sur votre cou mignon,
Quand, penchée à demi, vous priez, à l'église,
Cette torsade aux nœuds savants, qui s'analyse,
Et n'offre plus à l'œil déçu qu'un faux chignon ?

Vous portez même, ici, j'ouvre une parenthèse,
Le respect, la pudeur, je suis tout hésitant.
Je cherche, sans trouver, je bégaie et pourtant,
Pourtant, Madame, il faut justifier ma thèse.

Molière eut employé le mot propre. Et, vraiment,
Il serait bien plus clair. Mais j'y mettrai des formes :
Ainsi donc, vous portez des 'tournures' énormes ?
Des tournures ! ma foi, l'euphémisme est charmant.

Quoi, la nature, en vous, parfaisant son ouvrage,
S'était plu à polir un marbre ravissant,

Digne des Phidias, au ciseau caressant ;
Et vous autorisez ce monstrueux outrage ?

Je sais qu'il faut s'en prendre au mauvais goût du temps.
La Mode, cabotine aux trois-quarts détraquée,
Comme dit son jargon, n'est plus qu'une toquée
Qui ne sait qu'inventer, dans ses jeux inconstants.

Mais elle est souveraine. Il faut, pour lui complaire,
Se rendre ridicule, ou mourir. C'est pourquoi
Vous êtes pardonnée. Et la Muse en émoi,
Sur ma prière instante, a calmé sa colère.

Car si j'étais, madame, un Prudhomme poncif,
Et qu'il fallût choisir entre la paysanne
Et la marquise, alors, amoureux de Suzanne,
Je rendrais, contre vous, cet arrêt décisif :

L'une doit sa beauté sincère à la nature.
L'autre, au triste déclin d'un siècle extravagant,
Victime de la mode et du code élégant,
N'est plus, à force d'art, qu'une caricature.

Aux bretonnes nouvelle mode

Réfractaires d'antan, ô têtus Bas-Bretons,
Que faites-vous de vos coutumes ?
Basses-Bretonnes, vous, belles que nous chantons,
Que faites-vous de vos costumes ?

Vous préférez aux cols superbes d'autrefois
Des collerettes minuscules,
Tristes contrefaçons, larges comme deux doigts,
Lamentablement ridicules[17].

Et vos coiffes, hélas, des merveilles de goût,
Dites, barbares que vous êtes,
Qu'en fait-on ? Il vaut mieux n'en rien garder du tout,
Que cette loque sur vos têtes.

Le soulier découvert sied bien aux jolis bas
Des Jeannettes et des Suzannes.
Mais la bottine fin de siècle ne va pas
Avec vos jupes paysannes.

Revenez, revenez aux modes du vieux temps,
Qui faisaient si belles vos mères,
Aux merveilleux atours, plus beaux, plus éclatants
Que ces nouveautés éphémères.

---

[17] Ces modes nouvelles, très laides, que rien n'excuse et ne justifie, n'ont pas, grâce à Dieu, gâté toute la province. C'est surtout Châteaulin, les environs de Châteaulin, où les femmes sont si belles et l'ancienne mode si ravissante, qui sont en proie aux furieuses novatrices qui les enlaidissent à plaisir. La coiffe diminue tous les jours, et les collerettes n'existent presque plus. Mais d'où diable viennent donc ces modes nouvelles ?

Vous aviez peur, jadis, des modes de Satan :
C'était bon pour les courtisanes.
Revenez, revenez aux costumes d'antan,
Vous, les très nobles paysannes.

Belles, redevenez Bretonnes comme avant,
Comme au joli temps de 'Marie'.
Prenez garde au Progrès ! Car le Progrès, souvent,
Est bien près de la Barbarie.

Samm-Ar-Laou[18], le Pouilleux

Il va, le pauvre Samm, toujours seul, toujours sombre,
Idiot, abêti, le cœur mort, l'œil plein d'ombre.
Quel est son âge ? A-t-il trente ans ? A-t-il cent ans ?
Nul ne sait. Moi, je crois qu'il fut vieux de tout temps.
Au seuil de chaque porte, ouverte sur sa route,
Il marmotte un pater, pour gagner une croûte.
Juif-errant éternel, il va, par le chemin,
Son bissac sur l'épaule, et son bâton en main,
Mâchonnant son pain noir, comme un bœuf qui rumine.

Hélas ! rongé de poux, de gales, de vermine,
Il n'a point de repos, le pauvre Samm-Ar-Laou !
Car c'est peu d'avoir faim, de coucher n'importe où ;
De grelotter, l'hiver, la nuit, dans une crèche,
Où l'on s'endort, le nez sur la paille pas fraîche,
A l'heure où le sourd jaune, et le visqueux crapaud
Viennent, glaireusement, vous ramper sur la peau.
C'est peu de s'empiffrer, dans une écuelle immonde,
De restes répugnants, laissés par tout le monde,
Lard rance, pain moisi, lait sur, hideux repas
Dont les chiens des messieurs bourgeois ne voudraient pas.
C'est peu d'être écharpé par la dent meurtrière
Des dogues furibonds vous happant le derrière.
La faim, le froid, le chaud, la peur, la dent du chien,
L'écolier, pire encor, tous ces maux ne sont rien.
Ce qui fait son malheur, sans relâche, et sans terme,
C'est le fourmillement qui lui cuit l'épiderme ;

---

[18] En breton de Cornouailles, *samm* veut dire charge, faix, *ar-laou* de poux, faix de pou.

C'est l'Armée en travail qui court, sous ses haillons,
Lui sillonnant le corps de ses noirs bataillons.

Qu'il chôme, ou qu'il voyage, ou qu'il dorme, ou qu'il mange,
Debout, assis, couché, tout cela le démange.
En vain il se secoue, et, de son poing velu,
Il frappe, à tour de bras, son crâne chevelu :
Quand la tête est en paix, il a le dos qui grouille.
Alors, il jette à bas son sac. Il se dépouille.
La tête en nage, l'œil en feu, les doigts en sang,
Furieux, enragé de se voir impuissant,
Il cherche un angle dur, un tronc d'arbre, une porte,
Pour écraser dans l'œuf la vermine qu'il porte.
Avez-vous vu les porcs, pleins de démangeaisons
Frotter leur couenne épaisse au porche des maisons ?
Avez-vous vu, l'été, les vaches souffreteuses,
Chercher les coins ombreux et là, toutes honteuses,
La peau sale, le poil jauni par le fumier,
Se mettre en sang l'échine, au tronc d'un vieux pommier ?

Ainsi fait Samm. Il geint. Il grogne. Il se lamente.
Sa peau fume. Son dos saigne. Et son mal augmente.
Hign ! Hangn ! Il a beau faire, il a beau se frotter,
Suer, souffler, souffrir, se meurtrir, se heurter,
Rien ne peut attendrir les cruels garnisaires…

Et le jour où la Mort finira ses misères,
La Mort, qui vient à bout des plus fiers Conquérants,
Pourra, seule, arrêter le flot des poux errants
Qui n'iront plus troubler, dans son coin solitaire,
Le repos du Pouilleux, endormi sous la terre.

Le menhir de Locmariaker
A l'exposition de 1900[19]

Comme une énigme, au seuil de l'ère quaternaire,
Bien avant qu'on connût le Sphinx à l'œil béant
Les primitifs avaient dressé ce roc géant
Qui gît, en quatre blocs, frappé par le tonnerre.

Ce gigantesque aïeul, que le Breton vénère,
On va donc l'arracher des bords de l'océan,
Pour que Paris badaud, sceptique, et mécréant,
Vienne bâiller devant 'ce clou du centenaire'.

Allons, réveille-toi! Paris t'attend: soit fier!
O témoin du Déluge, ancêtre de l'Histoire,
Va sous la tour Eiffel, chercher un peu de gloire.

Colosse de granit, près de la Tour de fer,
Le plus surpris de tous, au milieu de 'la Foire',
Ce sera le Géant de Locmariaker.

---

[19] Appel aux écrivains bretons au sujet du projet de l'amiral Réveillère de faire figurer à l'Exposition de 1900 le menhir de Locmariaker. *Clocher breton*, novembre 1898.

LA RANDONNÉE DU LIÈVRE[20]

De Châteauneuf à Cast, de Briec à Botmeur,
Vous le connaissez tous, ce papa bonne-humeur,
Ce noble campagnard, dont la gentilhommière
Fait au milieu des bois l'effet d'une chaumière ?
Un bon gros gentilhomme, à moitié paysan,
Comme on en voit encor quelques-uns à présent ?
Ah ! par exemple, il n'est pas riche, le bonhomme !
Mais content de son sort, et très heureux en somme,
Grand chasseur, grand pêcheur, et grand buveur aussi,
Il trouve que la vie est bonne, Dieu merci !

Tartarin bas-breton, ce tartarin est nôtre :
Moins tueur de lions, moins grand homme que l'autre ;
Breton très positif, et plus gourmand que vain,
Il est moins assoiffé d'honneurs que de bon vin.

C'est un papa rougeaud, jovial et cocasse,
Ayant mouches de pêche et plumes de bécasse
Autour de son chapeau, vieux castor de vingt ans
Qu'il porte tous les jours, partout, sous tous les temps.
Court, trapu, bedonnant, l'œil vif, les tempes chauves,
Avec de longs poils roux sur ses grosses mains fauves,
Guettré de cuir, chaussé de larges souliers lourds,
Culotte de basane, et veston de velours,
Fouet en main, chiens au cul, fusil en bandoulière,
Tel est le vieux Gaspard Landier de la Landière.

---

[20] Racontée par le père Gaspard Landier de la Landière.

Notre homme chasse. Il pêche. Il mange. Il boit. Il dort.
Toute sa vie est là : c'est comme à l'Age d'or.
Ajoutons que le vieux routier, hors du ménage,
Court les filles, ma foi, tout comme au moyen âge.

Ce bon vivant, chez nous, jouit d'un tel renom
Qu'on a fait de son nom un éclatant surnom
Dont il tire lui-même une sorte de gloire ;
Car, grand chasseur de lièvre, il les tue, à l'en croire,
Par douzaines, si bien que, de Laz à Braspart,
Quand on parle d'un lièvre, on l'appelle un 'Gaspard'.

Pour le récit de ses chasses phénoménales,
Ses façons de conter sont fort originales :
C'est un peu trivial ; c'est plus franc que français ;
Mais sa verve gauloise a toujours du succès.
Un jour d'hiver, à notre auberge accoutumée,
Nous faisions un trois-sept, dans la salle enfumée
Où les autorités du bourg vont, chaque soir,
A l'heure du vermouth, s'attabler et s'asseoir.
Nous en étions à peine à la manche première,
Lorsque monsieur Gaspard Landier de la Landière.
Entra, bouclé, sanglé, crotté comme toujours,
Avec son air un peu piteux des mauvais jours.

D'ordinaire, sa voix tonne, et sa joie éclate.
Il glissa dans un coin sa gibecière plate,
S'assit devant le feu, ses chiens autour de lui,
Et pas un mot. —«Eh bien, bonne chasse aujourd'hui ?
—«Bredouille !» nous dit-il. — Bredouille ? pas possible !
—Parbleu, dit-il, riez, car la chose risible.»
Il s'était levé. «Bon, contez-nous donc cela !»
Le bonhomme vida son verre, et dit : «voilà !»

«J'avais mes chiens courants, Barbinot et Finette,

Et mon vieux Ravageot, une fameuse bête
Qui va le diable avec ses jambes de basset.
—Ah! moquez-vous de lui, de sa voix de fausset,
Mais ça vous a du cœur pour relever les autres,
Et ce tortillard-là, Messieurs, vaut tous les vôtres!—
Mon neveu Jules avait emmené son Ronflot,
Une rosse, un gueulard, bon à jeter à l'eau,
Qui braille comme un sourd le long d'une journée,
Et qui vous laisse en plan pendant la randonnée.
Quant à Jules, c'est un écolier, un gamin
Qui n'avait jamais eu de fusil dans la main,
Un chasseur de moineaux, quoi! mais, sur ma parole,
Avec des gars pareils, la chasse n'est pas drôle.

Nous étions arrivés, là, près du camp romain[21],
Que l'on trouve, en montant, à gauche du chemin
De Saint-Riwal. Voilà qu'au travers de la route,
De suite, sur le chaud, tous nos chiens en déroute,
Nous glissent dans la main, partent comme des fous,
Et s'emballent tous quatre en un grand champ de choux.
Déjà, Ronflot donnait comme en pleine menée!
Aomph! aomph! — «Ce rossard-là gâtera la journée!»
Criai-je à Jules. «Fais taire ton fichu chien!»
Mais c'était temps perdu: Ronflot n'entendait rien.
«Jules! le lièvre va se dérober… Prends garde!»
Lui criai-je. Ah bien oui! pendant que je bavarde,
Tout d'un coup, dans le bas du champ, le lièvre part.
Un lièvre roux, un lièvre énorme, un vieux Gaspard
Qui défile devant Jules en baissant l'oreille…
Pign! Pagn! … —«A-t-on jamais vu mazette pareille?
«Tu l'as manqué dans tes culottes! —Non, tonton!

---

[21] Un archéologue de passage m'a affirmé, il y a quelque vingt ans, que c'était un camp espagnol. J'en doute, d'autant plus que, non loin de là, on a trouvé des pièces d'or à l'effigie de Tibère. J'ajoute que les noms de villages qui suivent ne sont nullement de fantaisie et que la géographie de la randonnée est exacte.

«J'ai du poil! — Ouais, du poil? Pas plus qu'à ton menton!
«Tu nous la bailles belle, avec tes fariboles!»
Pardi! le vieux Gaspard, sur ses longues guiboles,
Arpentait le terrain, et le sacré routier,
Comme vous allez voir, savait bien son métier!
Croyez-vous par hasard, qu'il prit par la montagne?
A d'autres! mon Gaspard descend vers la campagne,
Traverse l'Angle, et puis traverse Châteaunoir,
Fait un crochet du diable, en dessous du manoir,
Et, laissant de côté routes et métairies,
Revient sur la montagne, en passant les prairies!

Mais laissez-le courir: mes chiens allaient bon train.
Dans le vallon, avec un magnifique entrain,
Niaouf! niaouf! nous entendions ma vaillante Finette
Qui, devant Barbinot, toujours menait en tête,
Trop vite, la bougresse, et, derrière, à cent pas,
Mon Ravageot suivait, et ne démordait pas.

Quant au fameux Ronflot, vous penserez peut-être
Qu'il était là? Pardi! c'est bien peu le connaître!
L'animal s'amusait, quétant et reniflant,
Trottant de place en place, en se battant le flanc,
Très affairé, d'ailleurs, et sans raison aucune,
De temps en temps aomph! aomph! aboyant à la lune…
— Tiens, Jules, dis-je alors, tu ne ferais pas mal
«De coudre dans un sac ton maudit animal,
«Car, certes, il ne vaut pas la soupe qu'il te mange!
«C'est un grand propre à rien; et la main me démange
«De lui planter un coup de fusil quelque part.
«Mais laissons cette rosse, et parlons du Gaspard.
«Toi, Jules, reste ici: la place est bonne et sûre,
«Le lièvre y reviendra, c'est moi qui te l'assure,
«A moins qu'il ne me tombe, avant toi, sous la main.
«Moi, je monte là-haut. Toi, garde le chemin.»

Dix minutes après, j'étais sur la montagne.
Je ne crois pas qu'il soit, dans toute la Bretagne,
Un poste plus splendide à l'œil pour voir venir.
D'en bas, tous les sentiers viennent s'y réunir,
Et je parierais cent contre un qu'ils vous amènent
Tous les lièvres qui hors du gîte se promènent.

Un tonnerre du diable emplissait le vallon.
La menée approchait. Ah! ce ne fut pas long.
Avec des chiens pareils, la chose était prévue.
Ils se suivaient tous trois, et menaient presque à vue!

Bientôt, dans le bas-fond, traversant un prateau,
J'aperçus mon Gaspard, parmi les flaques d'eau,
Qui, le cul tout crotté, les oreilles tombées,
Tout galopant, venait à grandes enjambées[22].
Il atteignit la route, et là, comme hésitant,
Se dressa sur ses pieds, huma l'air un instant.
Puis, pressé par la meute, et l'allure inquiète,
Enfila le sentier où j'attendais la bête...
Dibidip! dibidip! Il m'arrivait tout droit.
«Viens, dis-je, cette fois l'on sera plus adroit.
«Tu n'auras plus affaire à Jules, mon bonhomme;
«Et, comme toi, mon vieux, c'est Gaspard qu'on me nomme.»

Le lièvre n'était plus qu'à soixante-dix pas.
J'épaulai mon fusil, et je visai très bas.
J'avais le doigt sur la gâchette, quand, tout proche,
Aomph! aomph! j'entends deux coups de gueule sur ma gauche.
C'était cet animal de Ronflot qui donnait!
Comme vous pensez bien, le lièvre qui venait
Sur moi, quand il entend ce sonneur de trompette,

---

[22] Il y a toujours un peu d'exagération dans les histoires de chasse du père Gaspard. A un kilomètre de distance, il lui était difficile d'apercevoir les oreilles du lièvre. Que voulez-vous? Ils sont tous comme cela, les Tartarins!

Fait demi-tour, et prend la poudre d'escampette !
Ah ! j'enrageais ! D'ici, vous voyez le tableau…
Mais, sacrédié ! tu vas me le payer, Ronflot !

Il était là, trottant, le nez dans la bruyère…
Pan ! je lui colle un coup de fusil au derrière…
Tiens, braille maintenant ! Aïe ! aïe ! aïe ! il fallait
Le voir comme il gueulait et comme il détalait !

Par bonheur, mes trois chiens reprennent de plus belle…
Le lièvre, maintenant, montait vers la chapelle
De saint Caduan. Là, mon satané Gaspard
Tourne court, et descend le chemin de Braspart
Vers Poul-Groaz, où Jules était posté sans doute.
Je quitte la montagne, et je gagne la route…

Je ne vois plus mes chiens. Mais ils vont rondement,
Comme des enragés, donnant superbement ;
Finette, Barbinot, Ravageot, tous ensemble !
Tous trois, à plein gosier, que le vallon en tremble !

Brusquement, plus un mot. J'écoute encor… plus rien !
Bravo, dis-je, le lièvre est pris ; j'y comptais bien ;
Mais quels chiens ! quelle meute ! et quelle randonnée !
Forcer un lièvre après une heure de menée !
Je cours, j'arrive… Jules et mes chiens étaient là,
Sur la route… —«Eh bien, Jules, il est mort ? — Le voilà.»
Me dit-il — «Ce doit être une fameuse bête !
«Montre-nous l'animal !» Jules tourna la tête,
Et muet, tristement, me montra de la main,
Ronflot étendu, mort, au milieu du chemin…

LA NOCE DE KERLAZ

Les cloches de Kerlaz, les deux cloches jumelles
Du clocher de Kerlaz sonnent haut, chantent clair.
Les odeurs d'une noce énorme emplissent l'air.
Et tripes et rognons fument dans les gamelles.

    Cloches, sonnez haut, chantez clair !

Voici la mariée. O le vieux laideron !
Mais regardez-la donc, comme elle est attifée.
Qui donc peut se frotter à cette vieille fée ?
Elle a cent ans, au moins. — Non, soixante tout rond.

    Chantez, sonnez, cloches jumelles !

Soixante ans ? Merci bien. Elle est fraîche, la belle.
Mais riche est la meunière. Et quel est le Jean-Jean
Qui prend ce vieux chaudron ? Il a besoin d'argent.
Voilà ce que l'on dit, autour de la chapelle.

    Cloches, sonnez haut, chantez clair !

Voici le marié. Tiens, c'est Yves Prigent !
Mais il tirait au sort, la semaine dernière !
Que diable fera-t-il de la vieille meunière ?
Que diable voulez-vous ? La vieille a de l'argent.

    Chantez, sonnez, cloches jumelles…

ANN HINI GOZ[23]

Ann hini yaouanc ha zo coant,
Ann hini goz ha neuz arc'hant[24].
(Vieille chanson bretonne)

Ta vieille est riche, riche, riche.
Champs labourés, terres en friche,
Des greniers pleins, comme en Autriche,
Des fermes dans tous nos cantons.
Taillis, forêts, landes, prairies,
Tout un duché de métaieries,
Dans les cadastres des mairies,
Accaparent tous les cartons

Garde ta vieille et ses écus.
Moi, je garde ma mie!
Quelle fête à ses épousailles!
Trois jours buvaille et victuailles:
La moitié de la Cornouailles
En fut soûle. On en parle encor.
Quelle reine, au jour de sa noce;
Elle remplissait son carrosse,[25]
Si rouge, si grasse, si grosse,
Dans sa jupe aux sept galons d'or.

---

[23] La vieille.
[24] La jeune est jolie,
   La vieille a de l'argent.
[25] Les grandes noces campagnardes, aux environs de Quimper, par exemple,
se font en calèches, avec une longue suite de voitures, pour cinq ou six cents
invités.

Garde ta vieille et ses écus,
Moi, je garde ma mie !

Ta vieille a, dans ses douze armoires,
Des bijoux, des velours, des moires,
Des jupes rouges, blanches, noires,
Aux galons d'or, aux fins tissus.
Va, ma jeune n'est point vilaine.
Elle n'a qu'un jupon de laine.
Mais les jupons de Madeleine,
C'est plus beau dessous que dessus…

Garde ta vieille et ses écus,
Moi, j'aime mieux ma mie !

Mavournen[26]
Souvenir à Coquelin Cadet

«Mavournen! mavournen!» — C'est le soupir d'amour
Qu'on entend en Irlande à toute heure du jour;
Et la nuit, à toute heure, on l'entendrait encore.
Caresse de la mère à l'enfant qu'elle adore,
Cantique de l'époux, cri d'amour de l'amant,
Hymne aux cent mille voix qui monte au firmament.

La petite Irlandaise, à ses jeux occupée,
Murmure «Mavournen!» en berçant sa poupée.
Plus tard, le sein gonflé par le lait maternel,
Elle le redira comme un chant éternel;
Et, mille fois le jour, dans sa joie ou ses fièvres,
Ce mot-là montera de son cœur à ses lèvres.
Quand les blonds fiancés s'en vont par les chemins,
En se parlant tout bas, et se prenant les mains,
Que peuvent-ils se dire, attardés sur la route?
Que peut dire Nicless à Kate qui l'écoute?
C'est tout simple: Nicless, radieux et vainqueur,
Soupire «mavournen! battement de mon cœur!»
Et la fille d'Erin, Kate, son amoureuse,
Lui répond «mavournen» d'une voix langoureuse.

Connaissez-vous un mot plus complet, plus charmant?
Un mot qui rende mieux le trouble de l'amant,
L'impatient désir, et la folle tendresse?
Un mot plus doux? un mot plus rempli de caresse?

---

[26] «Battement de mon cœur!»Expression irlandaise.

Moi, je n'en connais pas : les femmes de Paris
Nous disent : «gros bébés, moutons blancs, chiens chéris.»
C'est odieux. Du moins, les belles de Florence
Disent : «caro mio!» c'est moins bête qu'en France ;
L'Anglaise dit : «my dear». C'est à peine poli.
La Bretonne dira : «ma c'halôn!» C'est joli.
J'ignore comme on parle en Russie, en Hollande.
Mais rien ne vaut, pour moi, le «mavournen» d'Irlande.
Irlande! ô verte Erin! ô pays des prés verts!
Reçois d'un Celte blond l'hommage de ces vers.

C'est ainsi que, bercé par ce mot poétique,
Dans lequel je retrouve un accent tout celtique,
Je rêvai de fouler le sol de l'Ile-Sœur,
Pour en mieux savourer le charme et la douceur.
Je partis donc, un jour, ivre de poésie.
Je traversai la Manche, et, sans l'avoir choisie,
Je descendis à Cork, la ville aux ciels brumeux,
Célèbre, hélas! surtout par ses jambons fameux.
Huit jours durant, avec la Muse pour compagne,
J'allai, je parcourus la ville et la campagne,
L'œil ardent, le cœur chaud, l'esprit aventureux,
Toujours enthousiaste, et toujours amoureux.
D'aussi loin que mes yeux voyaient une Irlandaise,
Mavournen! tout mon cœur ému tressaillait d'aise.
Je ne savais, pourtant, qu'un seul mot d'Irlandais.
Mais, ce mot-là, depuis un an je le scandais.
Mes lèvres le disaient si bien, avec tant d'âme,
Qu'il devait suppléer à tout, près d'une femme.
Hélas! après huit jours de soupirs superflus,
J'eus moins d'enthousiasme, et ne soupirai plus.
D'ailleurs, je vis ce peuple, aux champs comme à la ville,
Plongé dans l'industrie abominable et vile
Du porc salé, n'ayant d'autre occupation
Que la production et l'exportation.

Je n'étais plus, du tout, ivre de poésie.
Loin de là ! Maudissant ma sotte fantaisie,
Je résolus de fuir Cork, quand le Dieu Hasard,
Complice de l'amour, dérangea mon départ.

A l'auberge où j'étais, j'avais pour hôtelière,
Une beauté troublante, étrange, singulière,
Une adorable fée, au front tout virginal,
Exquise de tous points, et sans rien de banal.
Ses yeux, — ses yeux ! c'étaient deux émeraudes vertes.
Et quand elle passait, les lèvres entr'ouvertes,
Souriante, et divine, on eût dit, dans les prés,
Erin, la blonde Erin, sortant des bois sacrés.

Vous pensez bien que, dès la première seconde,
J'avais été conquis par la déesse blonde.
Mavournen ! j'étais fou ; mais bien plus fou qu'Hamlet,
Plus fou que Roméo chez le vieux Capulet ;
Et, comme lui, j'aurais devancé l'alouette,
Pour chanter jusqu'au jour ma chanson de poète…
Mais la déesse avait pour mari l'hôtelier,
Une espèce de dogue, un molosse, un geôlier,
Qui, pire qu'Othello, flairant quelque aventure,
Portait toujours au flanc, passé dans sa ceinture,
Un énorme couteau sinistre, dont l'aspect,
Quoi qu'on en pût penser, commandait le respect.
Bref, tout, dans ce pays, sa coupable industrie.
Cette ville livrée à la Charcuterie,
L'absence idéale, de plus l'homme au couteau,
Tout me fit un devoir de partir au plus tôt.

J'arrêtai mon départ : ma valise était prête.
Et, n'ayant qu'un regard ému pour interprète,
J'allai prendre congé de l'hôtesse aux yeux verts…
Mais, — ô prodige ! — l'ange adorable et pervers,

Qui m'avait paru chaste autant qu'inaccessible,
Profitant du moment où le Dogue irascible
Promenait au dehors son museau furieux,
M'appela d'un petit signe mystérieux
Et courut au jardin, m'invitant à la suivre…

La suivre! mavournen! mavournen! j'étais ivre!
Ivre de poésie et d'amour, cette fois!
Elle allait, me parlant avec sa douce voix,
Et moi, soupçonnant bien ce qu'elle pouvait dire,
Je répondais par un sourire à son sourire.

Elle marchait devant. Je la buvais des yeux.
Sous son jupon brodé, son pied délicieux
Foulait discrètement le sable des allées.
Et l'odeur des jasmins, parmi les azalées,
Se mêlait aux parfums dont elle grisait l'air,
Parfum de ses cheveux, et parfum de sa chair.
Le soir tombait. L'azur se teintait de bleu sombre.
Et, déjà, les bosquets muets s'emplissaient d'ombre.

Dans un coin retiré du jardin, tout au fond,
Caché sous la glycine au feuillage profond,
Je vis le toit verdi d'un pavillon rustique,
Adorable réduit, sanctuaire mystique,
Vers lequel, sur ses pas, j'osais porter mes pas.
Je tremblai, mavournen! Elle ne tremblait pas.
L'amour est le vrai champ de bataille des femmes.

Que dirai-je? Un instant après, nous arrivâmes.
J'étais transi, j'étais blême d'émotion.
Alors, troussant sa jupe avec précaution,
La blonde fée ouvrit le pavillon rustique.
Horreur! J'en vis sortir un cochon fantastique,
Spécimen colossal, trois fois médaille d'or,

Et que, malgré sa gloire, on engraissait encor !
J'étais resté stupide, et la bouche béante,
Anéanti devant cette graisse géante.
Certes, sans contredit, c'était le plus beau porc
De la ville de Cork, et du comté de Cork.
Il était magistral et gras comme un lord-maire.
L'hôtesse avait pour lui des caresses de mère.
Elle lui souriait, le gâtait, l'appelant
De mille noms très doux ; et, tout en lui parlant,
Ses doigts, ses jolis doigts, les plus jolis du monde,
Allaient, deci, delà, sur cette couenne immonde.

Le drôle se prêtait à ce jeu ravissant,
Roulant ses petits yeux de lord concupiscent.

Bien plus ! pour mettre, enfin, le comble à ma torture,
Je la vis, la cruelle et blonde créature,
Comme on parle tout bas à l'amant adoré,
Je la vis, se penchant vers le monstre abhorré,
Mettre un baiser d'adieu sur ce groin morose.
Et sa bouche s'ouvrit, comme s'ouvre une rose,
Pour dire : « Mavournen ! battement de mon cœur ! »

Mavournen ? — O dépit ! ô rage ! ô sort moqueur !
C'était donc là ce mot si charmant et si tendre ?
Et j'avais traversé la Manche pour l'entendre !
Oh ! je ne fis qu'un bond du jardin à la cour ;
De la cour à la rue ; et, coupant plus court,
Je sautai, comme un fou, dans un steamer rapide
Qui m'emporta bien loin de cette île insipide.

SARAH BERNHARDT À BENODET

Bénodet! O bourgade idéale et sereine!
La divine Sarah y fit un long séjour.
Radieuse, c'est là que je la vis, un jour,
Dans un péplum tout blanc drapant son port de reine.

Et tous, nous admirions sa grâce souveraine,
Quand du charmant village elle faisait le tour.
Derrière elle flottait comme un parfum d'amour.
Et nous prêtions l'oreille à sa voix de sirène.

Marchait-elle? On ne sait. Muets d'émotion,
Nous regardions passer cette apparition.
Les pauvres se mettaient à genoux devant Elle[27].

Et pendant que Sarah donnait à pleines main,
Comme des amoureux discrets, sur son chemin,
Nous suivions, de très loin, les pas de l'Immortelle.

1893

---

[27] Il faut dire qu'Elle leur distribuait des pièces de cinq francs.

LA BELLE MARCHANDE DE CHÂTEAUNEUF
(HISTOIRE DU SIÈCLE DERNIER)

I

Au temps jadis, trente ans avant Quatre-vingt-neuf,
Monsieur Leroux tenait boutique à Châteauneuf.
On y vendait de tout, le drap, l'épicerie,
Les toiles de Bretagne et la Rouennerie ;
Les draps d'Elbeuf, les draps grenés de Montauban ;
La mélasse et le miel, la ganse et le ruban ;
Les raisins secs, les noix, les figues, les amandes.
C'était le rendez-vous des bourgeoises gourmandes ;
C'était le magasin unique, universel.
Un comptoir pour le drap, un comptoir pour le sel ;
Comptoirs luisants, usés aux doigts des ménagères ;
Draps et cotons faisant plier les étagères ;
L'aune, sur le comptoir, pour auner les tissus.
Puis des boîtes, avec des noms écrits dessus :
« Poivre, muscade, clous de girofle, cannelle » ;
Suspendus au plafond, des paquets de chandelle ;
Et puis, le long des murs, des tonneaux découverts,
Tout plein de cassonade, et de sucres divers,
Où les guêpes, l'été, bourdonnaient aux oreilles.

Pour veiller au débit de richesses pareilles,
Pour gérer sa boutique, et gérer sa maison,
Monsieur Leroux avait choisi, non sans raison,
Une femme avenante, une femme entendue,
Jeune, fraîche de peau, blonde, rose et dodue,
Une aimable beauté qui s'appelait Manon.
Leroux raffolait d'elle et de son petit nom.

Geneviève, une vieille à la tête branlante,
Les servait. Elle était très maussade et très lente ;
Mais discrète, et, de plus, sans rivale, dit-on,
Pour le civet de lièvre et le gâteau breton.

Or, pendant que Manon, avec sa domestique,
Aunait le drap, pesait le sel dans la boutique,
Monsieur Leroux, les mains dans les poches, flânait.
On trouvait des amis, et l'on se promenait.
On se passait, de main en main, les tabatières.
On jasait. On sifflait. Puis, des heures entières,
On allait sur le pont, et l'on crachait dans l'eau.
C'était charmant. C'était un ravissant tableau.
Ces travaux accomplis, toujours aux mêmes heures,
Nos honnêtes bourgeois regagnaient leurs demeures,
Non sans avoir trinqué, soit à «La Tour d'Argent»,
Chez Joz, soit à «l'Écu de France», chez Sergent.

II

Certes, monsieur Leroux était un heureux homme :
Rien ne troublait son vin, son manger, ni son somme.

Or, un jour de novembre, — un soir, pour bien narrer, —
Un soir qu'il pleuvait dru, qu'il pleuvait à pleurer,
Comme il pleut par chez nous, quand il pleut en novembre,
Voilà qu'on entendit, là-haut, dans une chambre,
Un grand cri qui troubla la paisible maison…
On arriva : c'était Madame en pâmoison.
Génov[28] et Jean Leroux accoururent près d'elle.
Vite, de l'air, des sels, pour ranimer la belle.

---

[28] Génov est le diminutif breton de Geneviève.

Quand elle ouvrit les yeux, ce furent des sanglots,
Des nerfs crispés, des cris, et des larmes à flot.

Dieu, qu'elle était jolie, et qu'elle avait de charmes,
Avec ses beaux yeux bleus, tout ruisselants de larmes !
Et pendant que Manon la belle sanglotait,
Le bon mari, baisant ses pleurs, la dorlotait ;
Lui donnait mille noms qu'on ne dit qu'en famille ;
L'appelait 'petit cœur, mamour, chatte, fifille' ;
Et Manon s'apaisa dans ce dorlotement,
Comme un enfant gâté que berce une maman.

Les cheveux dénoués, encor toute pâlie,
Le corsage entr'ouvert, divinement jolie,
Manon, laissant tomber ses bras languissamment,
Commença de parler, tout bas, tout doucement,
Disant à son mari de fermer la croisée,
Qu'elle avait froid, bien froid, et qu'elle était brisée ;
Qu'on avait eu raison, sans doute, d'accourir,
Que c'en était fait d'elle, et qu'elle allait mourir.

Puis ayant pris deux doigts de l'élixir des Carmes,
Elle dit au mari, tout à travers ses larmes,
Qu'elle se sentait mieux, beaucoup mieux, presque bien,
Et qu'enfin, grâce à Dieu, cela ne serait rien ;
Qu'à présent qu'elle était revenue à la vie,
Elle lui confessait qu'elle avait une envie.
— Diantre, une envie ? oh ! c'est sacré, ces choses-là !
C'est très grave, une envie ! Allons, voyons cela…
— Mais elle n'osait plus. Elle n'osait pas dire.
On allait la gronder… — Le Jean-Jean, d'un sourire,
La rassura : Pardienne ! extravagante ou non,
« Il faudrait bien passer son envie à Manon ! »

Alors, ma foi, tout bas, de sa voix caressante,

De sa voix de mignonne et de convalescente,
Elle lui raconta, suspendue à son cou,
Qu'elle aimait le melon, qu'elle l'aimait beaucoup,
A la folie… Et qu'il fallait se mettre en route
Sur l'heure, et contenter Manon, coûte que coûte.
—Du melon? mais, mon cœur, ce n'est plus de saison!
«La saison est passée! — Ah! la belle raison!
«Quel plaisir aurait-on à parler d'une envie,
«Pour être, sur-le-champ, satisfaite et servie?
«Voudrait-on d'un melon qu'on aurait sous la main?
«J'en veux un de Paris… Allons, vite, en chemin!
—«Quoi? que j'aille à Paris? —Dans l'instant. —Quoi, si vite?
«Mais tu n'y penses pas, mamour…—Partez de suite.
«Si vous m'aimiez, cruel, vous ne seriez pas là.»

Bref, un quart d'heure après la scène que voilà,
Le benêt de mari, confiant et tranquille
Franchissait à cheval les portes de la ville.

III

Vers la seconde lieue, il traversait un bois,
Quand il fut arrêté par une grosse voix
Qui lui criait: «Où diable allez-vous donc, compère?»
C'était le charbonnier, François-Louis Le Berre,
Dont la cahute était sous bois, à trente pas.
«Eh bien, Monsieur Leroux, vous ne descendez pas?
—«Pas possible, fiston. —Pourquoi donc, camarade?
—«Vois-tu, François-Louis, ma femme est très malade.
—«Vraiment! dit l'autre. — Oui-da, j'en pleure d'y penser.
«Ce soir, la pauvre enfant a failli trépasser.
«Et croirais-tu qu'elle est malade d'une envie
«De melon?… —De quoi? dit l'autre, mort de ma vie!

«Et vous allez bien loin de ce pas? — A Paris...
— «Ha! parbleu! de longtemps, je n'ai fait de paris.
«Je n'ai point, comme vous, de l'or plein ma sacoche.
«Mais je gagerais bien quatre écus de ma poche,
«Contre quatre boisseaux de bon et pur froment,
«Que madame Leroux, très gaie en ce moment,
«Se réjouit, le dos au feu, le ventre à table,
«Pendant que vous, sous cette averse épouvantable,
«Vous êtes assez sot pour courir le chemin!
«Fripon qui se dédit: topez là, dans ma main...
«Ah! c'est bien le melon qui la tient, votre femme!
«Je vais vous la montrer, votre belle madame,
«Avec un bon gros moine autour de ses jupons...
«C'est le frère Sosthène: un gaillard, j'en réponds.
«Vous êtes bien le seul à ne pas le connaître:
«Quand vous ouvrez la porte, il sort par la fenêtre.
«Solide, le gaillard! plus Normand que Breton:
«Gras, luisant, rouge trogne, œil vif, triple menton...
— «Assez, viens-t-en!» hurla Le Roux, blême de rage.
— «Bien! dit le charbonnier, mordienne, du courage!
«Et d'abord, cachez-vous dans ce sac à charbon...»

Monsieur Leroux était aussi bête que bon:
Il se laissa mener, ficelé de la sorte...

On arriva bientôt. «Toc, toc! ouvrez la porte!»
— «Quoi, c'est vous, charbonnier? dit Génov, Dieu de Dieu!
«Quelle pluie! Entrez vite, approchez-vous du feu.

Notre homme entra. C'était dans la grande cuisine.
On pouvait voir, au fond de la salle voisine,
La table où l'on avait festoyé tout le soir.
Bien repu, le bon Moine était venu s'asseoir
Avec Manon, dans la superbe cheminée,
Et la fête, à minuit, n'était point terminée

Le feu flambait, un feu de chêne, un feu d'hiver,
Sur lequel des marrons grillaient, le ventre ouvert;
Et, comme les marrons sont un prétexte à boire,
Le cidre chaud, le 'flip', chantait dans la bouilloire.
— Ah! comme on était bien, jadis, les soirs d'hiver,
Dans les larges foyers, aux grands chenets de fer,
Où brûlaient des troncs d'arbre avec de rouges flammes;
Où, tout autour du feu, les enfants et les femmes,
Les petits et les grands, avides de récits
Écoutaient les vieillards dans leurs fauteuils assis.
«Entrez, François-Louis», dit la belle marchande.
— «Pardié! dit celui-ci, la cheminée est grande:
«Je vais poser mon sac de charbon dans ce coin,
«Devant le feu: tous deux nous en avons besoin.»

Là-dessus, on se mit à boire. On fit bombance.
Le charbonnier bâfrait et buvait, comment on pense.
Le gros Moine était rond. Manon, qui fredonnait,
Avait un petit coup sous son petit bonnet.
Quant à Génov, ma foi, sa coiffe sur l'oreille,
Elle dodelinait de la tête la vieille!

Or, comme il faut, chez nous, finir par des chansons,
La friponne marchande ayant dit «commençons!»
Chacun, alors, chanta son couplet à la ronde,
Sur un air du vieux temps, connu de tout le monde…

Manon, minaudant.

Jean-Jean, le meilleur des maris,
S'en va, cheminant vers Paris.
Il est loin de sa maison…
Kyrie, Kyrie!
Bon voyage à cet oison!
Kyrie Eleison!

Le Moine, d'une voix de tonnerre.

Jean-Jean, le plus sot des maris,
S'en va, trottinant vers Paris.
Moi j'occupe sa maison.
Kyrie, Kyrie!
J'ai Manon pour échanson
Kyrie Eleison!

Le charbonnier, montrant du doigt le sac de charbon au coin
du foyer.

Compère, j'aurais ton froment;
Et tu n'auras pas mon argent.
Le moine est dans ta maison.
Kyrie, Kyrie!
Que dis-tu de sa chanson?
Kyrie Eleison!

La vieille Génov, chantant du nez et dodelinant de la tête.

Charbonnier, j'entends bien raison:
Mon maître est là, dans la maison,
Le plus proche du tison,
Kyrie, Kyrie!
Le plus proche du tison,
Kyrie Eleison!

Monsieur Le Roux, sortant du sac, un gros bâton à la main

Oui, corbleu! Je suis un oison!
Mais je vais payer ta chanson
Moine, à grands coups de bâton!
Kyrie, Kyrie!
Moine, hors de ma maison!
Kyrie Eleison!

LA COMPLAINTE DE TROÏLUS DE MONDRAGON (XVIᴱ SIÈCLE)

Ce Troïlus de Mondragon,
Dont l'aïeul défit un dragon,
Était d'humeur fort vagabonde.
A vingt ans, pèlerin d'amour,
Il jura de faire la cour
A toutes les femmes du monde.

S'équipant en Conquistador,
Les poches pleines d'écus d'or,
Il prit congé de ses Bretonnes.
Quoique très belles, Troïlus
En était las, n'en voulait plus.
Il les trouvait trop monotones.

Parti sur sa nef de haut bord,
En Angleterre, tout d'abord,
Il débarqua, chaud comme braise.
Il voulait de l'amour tout neuf.
Donc, il s'empiffra de bon bœuf,
Et d'amour à la mode anglaise.

Il prit des leçons d'Henri-Huit,
Ce gros goinfre qui, jour et nuit,
Bâfrait, la nappe toujours mise.
Ce bourreau d'Anne de Boleyn
Changeait de femmes, le vilain,
Bien plus souvent que de chemise.

Mais, vite, il revint, par Calais,
Ne pouvant digérer l'anglais,
Dont il mâchait mal les diphtongues.
Des Anglaises il était las :
Il leur trouvait les seins trop plats,
Les pieds trop longs, les dents trop longues.

Suivant son destin hasardeux,
Il vint, à la cour d'Henri-Deux,
Se frotter aux belles Dianes.
Et là, les dames de la cour
Le soûlèrent de tant d'amour,
Qu'il les prit pour des courtisanes.

Puis, il courut Vienne, Francfort.
Friand d'amour, il prisait fort
La chair grasse des Allemandes.
Il aima la Juive aux yeux longs,
Et la Viennoise aux cheveux blonds,
Si fraîche, avec ses dents gourmandes.

Son voyage dura longtemps :
Il avait déjà quarante ans,
Quand il visita l'Italie.
Là, magnifique et riche encor,
Le Bas-Breton, grâce à son or,
Fut galant jusqu'à la folie.

Par malheur, le beau pèlerin
Attrapa la gale à Turin ;
A Florence, il eut la pelade.
Puis, à Naples, notre héros,
Touché par la flèche d'Éros,
Fut lamentablement malade.

Or, après ce calice amer,
Encor plus vieux, il prit la mer,
Et courut toutes les Espagnes.
Navarre, Castille, Aragon,
Tout fut conquis par Mondragon.
Mais là finirent ses campagnes.

L'amour est pauvre en Aragon,
Et Troïlus de Mondragon
Se souvint des Aragonaises,
Belles de nuit, belles de jour,
Dont le cœur est tout plein d'amour,
Et le lit tout plein de punaises.

Il revint au pays breton,
Toujours gourmand, toujours glouton,
Malgré près de soixante automnes.
D'ailleurs, le bouillant Troïlus
Se promettait de n'avoir plus
Pour maîtresses, que des Bretonnes.

Mais, quand il vint, d'un air vainqueur,
Moustache en croc et bouche en cœur,
Flirter autour de ces hautaines,
Elles, avec de grands saluts,
Lui dirent : «Mon beau Troïlus,
Où sont donc vos Napolitaines ?».

Troïlus comprit la leçon.
Il rengaina donc sa chanson,
Sa douce chanson de naguère.
Et, parbleu, changeant de métier,
Le pèlerin se fit routier,
Et Troïlus partit en guerre.

Ma foi, je ne me souviens plus
Pour qui se battit Troïlus :
Fut-ce pour ou contre Henri-Quatre ?
Avec d'Aumont ? avec Mercœur ?
Qu'importe. Amoureux de grand cœur,
Il eut un grand cœur pour se battre.

A la bataille de Crozon[29],
Le dragon de son écusson
Fut digne de sa renommée :
Il mourut là, le beau vaillant,
«Pour la Bretagne» bataillant.
Il mourut «pour sa bien-aimée».

---

[29] On donne souvent le nom de bataille de Crozon au combat de la Pointe Espagnole, où le maréchal d'Aumont vainquit les Espagnols pour le compte d'Henri IV. Il s'agit ici d'un Troïlus de fantaisie. Le vrai Troïlus de Mondragon, dont le nom sonne si bien à l'oreille de M. de Hérédia, qui se plaît à le répéter, est mort vers la fin du règne de François Ier. On lui a élevé un tombeau superbe dans l'église de Beuzit, près de Landerneau.

LA CHIPOTEUSE

Combien votre poulet?
—«Trente sous? Êtes-vous folle, ma pauvre femme?
«Un oiseau qui n'a pas six semaines? Vingt sous.
—«Prenez-le pour vingt-huit. —Non, gardez-le pour vous.»

Certes, j'ai vu des chipoteuses, des harpies,
De vieilles grippe-sous et de jeunes chipies,
Qui perdraient tout un jour pour grappiller un sou,
Très heureuse d'avoir chipoté tout leur soûl.
Vous les connaissez bien, ces bonnes ménagères,
Qui traînent au marché leurs jupes de mégères,
Salissant à plaisir leurs mitaines, leurs doigts,
Les promenant, surtout, dans les vilains endroits.
Vous les connaissez bien, ces aigres chipoteuses,
Qui feraient presque peur aux poissardes honteuses,
Qui, pour un œuf, pour un poireau, pour un poulet,
Pour un mauvais poisson, se prennent au collet,
Se font jeter à la figure des limandes?
Vous connaissez les chapardeuses, les gourmandes,
Qui, se faisant servir deux livres de marrons,
Dans la boîte à côté croquent des macarons?
On en voit quelquefois de douces, de polies,
Rougissantes sous leur voilette, de jolies.
    —Celles-là, craignez-les. C'est l'aspic sous les fleurs.—
Je vous dis qu'on en voit de toutes les couleurs.
Mais en connaissez-vous une de ce modèle?

Voici l'instantané que j'ai pu prendre d'elle.

Elle sort de chez elle avec son vieux cabas,
Guerrière, habituée aux luttes, aux combats,
Son parapluie est menaçant comme une lance,
Son chapeau, dont la plume unique se balance,
A l'air d'un casque ; et, l'œil hardi, hâtant le pas,
C'est Minerve, ou, du moins, la Minerve au cabas.

Elle arrive au marché. C'est son champ de bataille.
Légumes, fruits, poisson, beurre, gibiers, volaille,
A l'entendre, elle va piller tout, rafler tout.
Elle palpe. Elle flaire. Elle a son nez partout.
La vieille perdra là quatre ou cinq bonnes heures.

Elle salit, du bout de l'ongle, tous les beurres ;
Flaire tous les gibiers, les soupèse, les prend ;
Les met dans son cabas, les retire, les rend ;
Passe aux poulets, à coups de coude fend la foule,
Fourre son doigt, —l'horreur—, dans tous les culs de poule ;
Le doigt au beurre, ici non plus n'achète pas,
N'achète rien, circule avec son vieux cabas,
Passe au poisson, — oh là, des scènes inouïes, —
Prend des bars, des mulets, les regarde aux ouïes,
Flaire, hoche la tête, en signe de mépris,
Trouve enfin une sole à son goût, fait son prix,
Chipote, part, revient, a l'air d'ouvrir sa bourse
Pour payer, se ravise, et s'en va, prend sa course,
Et hors d'haleine, enfin, tant elle a chipoté,
Rentre trop tard chez elle,—et n'a rien acheté.

Duels de buveurs

«Un autre n'aurait pu ébranler cette coupe,
quand elle était remplie.
Nestor la soulevait sans peine.»
Iliade, XI

Hélias, de Perguet, aimait le cidre amer,
Le 'huèro[30]' qui mûrit sur les bords de la mer,
Jus de pommiers trapus, dont les fleurs purpurines
Se soûlent d'air salin et de senteurs marines.
C'était bien lui le Roi des Buveurs bataillards,
Large d'épaules, rouge en trogne, aux yeux gaillards,
Si beau, la chope en main, et de telle carrure,
Que nul buveur n'osait se frotter à sa hure.

Un jour, pourtant, un fort des forts, Jean Laridon,
Champion de Fouesnant, dont le sacré bidon
Rappelle le tonneau percé des Danaïdes,
Enfonça son chapeau sur ses yeux intrépides,
Et, bien en face, en pleine auberge de Fouesnant,
Dit au grand Hélias : «A nous deux maintenant!»

La chose se passait à l'auberge Le Page.

Là, c'est comme un Sénat, comme un Aréopage,
Où l'on boit un 'huèro' qui n'a pas son pareil,
Pas même chez Fermon fondateur de Beg-Meil.

---

[30] Deux espèces de cidre, le doux, et le 'huèro', l'amer, celui-ci plus estimé des grands buveurs, à Fouesnant.

Là-dessus, cent buveurs, gens graves et notables,
Pour assister au duel, délaissèrent leurs tables.

Ce fut très court. Après vingt chopes, Laridon,
L'œil angoisseux, le teint blême comme amidon,
Hoquetait, lamentablement, dans sa chopine.
Maître Hélias, parfait de tenue et de mine,
Vidait chope sur chope avec un air gouailleur,
Réclamant du 'huèro', du sec et du meilleur.
Laridon sirotait du «doux,» comme une femme.
Mais, au trentième bol, tout prêt de rendre l'âme,
Il sortit, flageolant des guiboles, cherchant
Les murs, et, jusqu'au soir, étendu dans un champ,
Comme s'il avait eu la panse tout ouverte,
Il rendit tripes et boyaux sur l'herbe verte.

Or, les gas de Perguet, très fiers, trinquaient en chœur,
En l'honneur d'Hélias, l'invincible vainqueur ;
Ceux de Fouesnant, navrés, et le nez long d'une aune,
S'esquivaient, quand, alors, un petit vieux, tout jaune,
Tout sec, tout maigriot, grêle comme un enfant,
Vint se planter devant Hélias triomphant.

«Hélias, lui dit-il, lorsque j'avais ton âge,
«Je convoquais tous les buveurs du voisinage,
«Et, seul, buvant trois parts contre les trois plus forts,
«Je les mettais dessous la table sans effort.
«On ne me soûle pas avec du jus de pomme.
«A présent, je suis vieux. Mais, gast[31] ! je suis ton homme.
«Viens donc ici, dimanche, et je ferai de toi
«Un second Laridon. — Un Laridon, toi ? — Moi.
«Moi, te dis-je, sois là. Je t'attendrai dimanche.
«Laridon n'est qu'un sot. Je prendrai sa revanche.

---

[31] 'Gast!' 'Cré gast!' jurons du pays de Fouesnant.

«Et si bonne, entends-tu? que, par précaution,
«J'attellerai ma bête à ton intention.
«Car je fais le serment, pour clore l'aventure,
«De te ramener, mort ou vif, dans ma voiture.»

Au jour dit, Hélias, solide et bien portant,
Arriva de Perguet, tout Perguet l'escortant,
Et, sitôt, se rendit droit chez Pierre Le Page.
Le vieux n'était pas là. Ceci fit un tapage:
Hélias triompha. «Le vieux ne viendra point,
Dit-il, en martelant la table à coups de poings.
«Gast! les gars de Fouesnant sont hommes de parole?
«Paraît-il! Merci d'eux: ce vieux-là n'est qu'un drôle.
«Moi, je m'en vais. Allons, mes gas, partons d'ici.
«Le vieux ne viendra point: il a peur. — Me voici,
Dit le petit vieillard avec sa voix fluette,
«Excusez-moi: j'ai bu, pour commencer la fête,
«Trois litres d'eau-de-vie, avec deux vieux amis.
«Maintenant, travaillons à ce que j'ai promis.
«J'ai soif. A ta santé, mon fils!»

Et la bataille commença. Cette fois, ce fut long. La futaille,
Mise en perce à midi, pour eux deux tout exprès,
Avait le ventre plein de vent une heure après.
La trogne d'Hélias s'enflammait. Le bonhomme,
Avec son vieux museau, ridé comme une pomme,
L'œil très vif, avait l'air d'un singe grimaçant.

Il riait, d'un petit rire très agaçant.

«Cré gast! dit Hélias, pour lamper la buvaille,
«Ces mauvais bols d'un sou ne me sont rien qui vaille.
«Hé! Pierre, apporte-nous des écuelles! — Bravo!
Dirent ceux de Perguet, «on va voir du nouveau!»

On perça le téton à la seconde tonne.
Et l'on se mit, alors, à boire à la bretonne,
C'est dire en emplissant l'écuelle jusqu'au bord.

Hélias s'en tira proprement, tout d'abord.
Mais, à douze, il souffla comme un soufflet de forge.
Et la pleine écuellée, affluant de sa gorge,
Dégoulina, le long du menton, dans son col.

Le petit Vieux vida l'écuelle comme un bol,
La brisa sous son pied, et cria : « Dis donc, Pierre,
« Ceci, c'est jeu d'enfant : apporte une soupière ! »

Le Page fit servir le meuble en question,
Non point meuble ouvragé dans la perfection,
Non point riche faïence, ou fine porcelaine,
Mais baille à soupe au lard, madelon-madeleine,
Bonne grosse soupière aimable, aux flancs tout ronds,
Capable de nourrir un ou deux escadrons.

Aussi quand cette tasse énorme, épouvantable,
Toute pleine de cidre, apparut sur la table,
Les bons gars de Fouesnant poussèrent des hourras.

Perguet ne disait mot. Alors, sans embarras,
Très posément, le vieux prit la soupière pleine,
Et, pareil à Nestor, la vida d'une haleine.

Hélias, comme un bœuf que pique un moucheron,
Se dressa à tout debout, superbe et fanfaron,
Fit remplir la soupière, et, de ses mains puissantes,
La souleva jusqu'à ses lèvres frémissantes.

Alors, il but. Il but à longs traits. A le voir,
On eût dit, maintenant, un bœuf à l'abreuvoir.

Et, de fait, il suçait les bords d'un mufle avide,
Si bien qu'en un instant, la soupière fut vide.

Mais, quand il eut tout bu, de rouge qu'il était,
Il devint noir. La peau du ventre lui pétait.
Ses gros yeux, injectés de sang, dans leurs orbites,
Roulaient affreusement, plein de lueurs subites.

Bref, à force d'enfler, à force de gonfler,
Le gars ne pouvait plus ni bouger, ni souffler.
Tout d'un coup, il fut pris d'un hoquet formidable
Qui fit choir, de ses mains, la baille sur la table.
Aussitôt, on le vit battre l'air des deux bras.
Il ferma l'œil, ouvrit la goule. Et, patatras !
L'homme, tout de son long, tomba comme une masse.

Le petit vieux riait toujours. « Qu'on le ramasse !
« Mon char à bancs est là. Qu'on le couche dedans ! »
Dit-il. On porta donc l'homme, les bras pendants.

Et, quand, avec du foin pour lit et couverture,
On l'eût, comme un goret, couché dans la voiture,
Clic ! clac ! le petit Vieux emportera le pemorc'h[32]. »
Mais, quand on arriva, le 'cochon' était mort.

---

[32] Paysan.

Mathurin l'Aveugle[33]

I

Le Talabardeur

Houez ar beuz[34] !

Les Félibres sont fiers de leur « Tambourinaire ».
Nous avons le biniou, flanqué d'un partenaire :
C'est le 'Talabardeur', le joueur de hautbois.
Je n'ai vu Mathurin l'Aveugle qu'une fois.
Mais, après quarante ans, je crois entendre encore
Cette âme qui chantait au creux du buis sonore.
« Houez ar beuz ! Houez ar beuz ! » Du souffle dans le buis !
Oui, ce souvenir-là, je l'ai gardé depuis.
J'en parle en Bas-Breton pieux, non en profane.
La gavotte bretonne est sœur de la pavane.
Elle est royale[35]. Et nul spectacle n'est pareil

---

[33] Mathurin Furic, dit Mathurin l'Aveugle, né à Quimperlé, mort vers 1860. Joueur de bombarde, et compositeur. Son répertoire de gavottes bretonnes est trop délaissé aujourd'hui par ses successeurs qui nous servent, à la place, des choses à demi copiées sur les opérettes en vogue. J'ai eu bien souvent, dans les mains, les bombardes de Mathurin. C'étaient de petits instruments, fabriqués dans le pays, en buis, incrusté d'étain, quelquefois en ébène. Le mot 'Talabarder', qui signifie joueur de bombarde, me semble essentiellement Cornouaillais. C'est une jolie expression, bien sonnante, qui dit bien ce qu'elle veut dire.
[34] Du souffle dans le buis !
[35] La Gavotte, qui ne se danse, je crois, que dans les arrondissements de Châteaulin, de Quimper et de Quimperlé, est évidemment d'origine ancienne. Son pas, qui ne semble pas compliqué, est très difficile à apprendre. La Gavotte, d'ailleurs, comporte quatre espèces de figures qui se suivent : la Gavotte, le Bal, la Monferine et le Jabadao. Ici, comme pour tant d'autres coutumes en Basse-Bretagne, pas d'unité. A Châteaulin, Pleyben, Quimper, Quimperlé, le pas est

À notre danse quand, sur la place, au soleil,
Par centaines, les Bas-Bretons et leurs Bretonnes,
Les Bretonnes, avec leur doux air de madones,
Charmantes dans leur jupe, aux trois rangs de velours,
Et les Bretons, d'abord un peu froids, un peu lourds,
Puis s'échauffant, criant, dansant avec furie,
Déroulent leur très noble et longue Théorie.

Monté sur son tonneau rustique et triomphal,
Mathurin était bien le hautbois sans rival,
Sans successeur possible, artiste incomparable,
D'un brio, d'un entrain, d'une verve admirable,
Si plein de feu, si plein d'âme, de passion,
Qu'il fallait prendre part à son émotion.
Expressif, il l'était à ce point qu'à l'entendre,
Notre bon vieux recteur, aux danseurs très peu tendre,
De trop loin, soulevait son rideau pour mieux voir,
Et, pour quelques instants, oublieux du devoir,
Malgré tous ses sermons, l'œil et l'âme à la danse,
Du pied, sur le parquet, martelait la cadence.
Au Jabadao, c'était un galop furieux :
Les jeunes gens poussaient de grands cris ; et les vieux,
Comme si la bombarde eût dégourdi leurs jambes,
Se jetaient dans la danse, étonnamment ingambes.
C'était prodigieux. Et ce morceau de buis
Bouleversait, mettait sur pied tout un pays.

---

vif, fougueux, souvent furieux à la fin de la journée. Dans certaines localités, à
Lopérec, par exemple, il y a une sorte de pas de recul qui retarde le mouvement de
la farandole, et qui, bien cadencé, ne manque pas de grâce. A Briec, on danse un
peu sur place, ce qui, chez les femmes surtout, produit un mouvement d'épaules
curieux à observer, et qui n'existe pas ailleurs, dans l'entraînement plus rapide de
la ronde. J'ai vu des vieillards, à cheveux blancs sur le dos, danser superbement
la Gavotte. C'est ce qui m'a fait dire qu'elle est royale. On danse bien la Gavotte
dans les pays de Châteaulin, de Quimper, de Quimperlé. Les meilleurs danseurs,
qu'il m'ait été donné de voir étaient peut-être ceux de Rosporden.

Aveugle comme Homère, et barde de génie,
Ah! si vous l'aviez vu quand, la danse finie,
Mathurin, entre deux rondes, se reposait!
Assis sur son tonneau, l'Aveugle composait.
Se faisant solitaire au milieu de la foule,
Dont il ne voyait pas les mouvements de houle,
Caressant son hautbois, sans autre passion,
Il se réfugiait dans l'Inspiration.
Qu'écoutait-il, avec ses oreilles avides?
Immobile, levant au ciel ses deux yeux vides,
Comme attentif aux Voix d'en haut, transfiguré,
Superbe à voir, c'était bien là l'homme inspiré.

Près de cette figure attirante, et si belle,
Coude à coude avec lui, le gros Jean La Chapelle,
Son biniou dégonflé, flasque sur ses genoux,
Se rinçait le gosier de vin, de cidre doux,
D'eau-de-vie, et de tout ce qu'après chaque danse,
L'aubergiste du coin servait en abondance.

Le repos des sonneurs ne durait pas longtemps.
A peine les danseurs avaient-ils pris le temps
De choisir leur danseuse, — un art, une science, —
Que de partout, des voix, pleines d'impatience,
De très loin, de très haut, criaient à Mathurin:
«Houez ar beuz!» Et, déjà la gavotte est en train,
Plus vive, au grand soleil, plus folle, plus ardente;
Et la musique aussi, plus chaude, plus stridente.

Mathurin, peu à peu, précipite le pas.
On lui criera: moins vite! Il n'écoutera pas.
On voudra l'arrêter. Mathurin continue.
Admirable de fougue, il s'est mis tête nue.
Et, roi de la gavotte, avec emportement,
Il la dirige, il la conduit royalement.

« Houez ar beuz ! » Ce n'est pas qu'il s'emballe et se grise.
Non, c'est de l'art tout pur et c'est de la maîtrise.
C'est la nature même, et la progression
Savante dans la fougue et dans la passion.

Aussi, comme sa flamme a répandu de flamme !
La danse, le soleil, la musique, la femme,
Ces costumes joyeux, aux vivantes couleurs,
Qui font de la Grand'place un parterre de fleurs,
Tout excite à la fois le danseur, tout l'affole.

A la gavotte, à la tranquille farandole,
A succédé comme un galop vertigineux.
La ronde s'éparpille. Elle brise ses nœuds.
La gavotte devient un tourbillon immense
Qui s'achève en un cri, superbe de démence.

II
Digression sur Quimperlé

Or, Mathurin l'Aveugle était de Quimperlé.

Sans doute que Brizeux, le Chantre de l'Ellé,
Dut, bien souvent, venir l'entendre aux jours de fête ;
Et le Talabardeur est digne du Poète.

Un matin, Quimperlé s'éveilla, bien surpris
D'apprendre que l'Aveugle, embarqué pour Paris,
Courait en diligence, avec Jean La Chapelle.

A Quimperlé, plus d'un encor se le rappelle.
Et ma tante Clément, dans les temps, m'en parlait.
Elle habite toujours la vieille Place au Lait,

Dans sa vieille maison, à l'escalier de pierre ;
A son rez-de-chaussée, une vieille crêpière.
Pardonnez, pardonnez cette digression !
Mais j'aime le vieux temps, de grande passion.
Et Quimperlé, ce nid d'amour, de poésie,
Où l'Isole et l'Ellé remplacent la Voulzie,
Est encor le témoin le plus délicieux
D'un Passé qui s'éloigne —à grands pas— de nos yeux.

Si Jean-Jacques Rousseau, l'ami de la nature,
Avait connu ce doux paradis de verdure,
Dans l'humeur inquiète où son cœur s'isola,
C'est là qu'il eût voulu vivre et mourir, c'est là.
Et Brizeux, ce Breton nomade, ce sauvage,
Qu'allait-il donc chercher, sur un autre rivage ?
Le bonheur était là, sous ses yeux, sous ses pas.
Quimperlé, cet Éden, ne lui suffisait pas.

O paix de l'âme ! ô paix du cœur ! ô paix profonde !
On ne sait pas, au juste, en quel endroit du monde
On existe. En Bretagne ? en France ? On ne sait plus.
Mais le temps a passé. Les jours sont révolus.
L'enfance, la jeunesse, et l'âge mûr, tout passe.
Là, nulle notion du temps, ni de l'espace.
Le temps, comme l'Isole, a doucement coulé.
On a vécu —si l'on sait vivre, à Quimperlé.—

Aujourd'hui, malgré tant de choses disparues,
Quel charme de gravir ces vénérables rues
Qui conduisent à l'Acropole, à Saint-Michel !

Clocher, dont les lichens verdissent sous le ciel,
Vieille place, vieux murs, vieilles maisons penchées,
Jardins naïfs, dont les murailles ébréchées
Laissent voir des pommiers, des espaliers caducs.

Cela remonte aux temps lointains, au temps des Ducs.
Chaque vieille masure a l'air d'avoir une âme.
C'est tassé, ramassé comme une bonne femme.
Et, du seuil entr'ouvert, en passant, on croit voir
Quelque aïeule filant, au fond de l'âtre noir.

Un coq qui chante. Un chien qui dort. Tout est tranquille.

Je fais un long détour, pour descendre à la ville.
J'ai revu la maison de la tante Fouché.

Mais j'ai hâte de voir la Place du Marché,
Où la tante Clément, derrière sa croisée,
Frileuse, dans sa robe usée et reprisée,
Somnole, en relisant ses livres cent fois lus.
Elle se fait bien vieille, et ne travaille plus
Pour ses pauvres, l'aimable et douce sainte fille.
C'étaient 'ses bons amis', ses frères, sa famille.
Alors, elle relit ses livres d'autrefois.
Ses vieux livres, fanés et jaunis, je les vois,
Dix ou douze, occupant toujours la même place,
Sur la vieille console, et sous la vieille glace.
Je les connais, d'ailleurs, sans les avoir ouverts.
Mais je sais que ma tante aime beaucoup les vers.

Des vers de son neveu ? Non. Cela vous étonne ?
Elle préfère, aux vers de mon 'Ère bretonne',
Des vers très doux, des vers d'Anaïs Segalas.
C'est propice au sommeil. Et, sous ses bandeaux plats,
Ma tante frémirait d'horreur, si là, chez elle,
Elle souillait ses yeux de vieille demoiselle
Des désordres d'Ahès, la fille de Gralon,
Ou des amours d'Yseult et de Roland le blond ;
Ou bien, si, dans la Bible, où j'ai chanté la Femme,
Elle voyait surgir, superbe, mais infâme,

La nudité de la Pythonisse d'En Dor.

Telle qu'elle est, mignonne, et presque jeune encor,
Un souffle, une ombre, avec cela très bien portante,
Depuis quatre-vingts ans bientôt, la vieille tante
Pas un jour, n'a manqué la messe à Sainte-Croix.

Mais, pardon : j'en étais à Mathurin, je crois ?
J'abuse du Lecteur, et de son indulgence.

III
MATHURIN L'AVEUGLE À PARIS

Donc, nos hommes étaient partis en diligence.

Trois jours après, moulus, harassés, ahuris,
Les sonneurs bas-bretons débarquaient à Paris.

Ici, haussons le ton. C'est l'épopée, et l'ode.

La Porte Saint-Martin, le théâtre à la mode,
Par un beau coup d'audace, exhiba nos sonneurs.
O pactole ! Comblés d'écus, comblés d'honneurs,
Ils firent salle comble, et salle bien remplie,
Puisque Louis-Philippe et la reine Amélie,
Oui la reine bourgeoise, et le bon souverain,
Avec toute la Cour, acclamaient Mathurin !

Quelle fête pour lui, touchante et solennelle !
Ses pauvres yeux, éteints dans la nuit éternelle,
Étaient mouillés de pleurs, et son humble hautbois,
Si bien d'âme avec lui, tremblait entre ses doigts.
Ce n'est pas pour lui seul que la fête fut belle.

Il fallait voir, à ses côtés, Jean La Chapelle,
Nullement effaré, d'ailleurs, le gros joufflu.
Quand les bouquets pleuvaient sur son front chevelu,
Pour s'en débarrasser, il secouait l'épaule.
Il était magnifique et grave dans son rôle,
Faisant très peu de cas des bouquets, des bravos.
Mais son esprit, très lourd, trottait par monts, par vaux,
Sur la route bretonne, où l'attendait sa femme.
La gloire, Mathurin s'en soûlait, plein son âme.
Mais lui, que lui faisait la gloire ? Pas si fou !
Il gagnait, là, de l'or, à remplir son biniou.
Avec cet or, notre homme aurait des métairies,
Des chevaux plein ses champs, des bœufs plein ses prairies,
Du cidre plein sa cave, et plein son gros bedon,
Et tout plein d'eau-de-vie aussi, le gros glouton !

Le bonheur du joufflu ne fut pas sans mélange :
De l'or, on en eut tant qu'ils en firent l'échange
Pour du papier. De plus, notre homme eut le chagrin
De voir le portefeuille aux mains de Mathurin.
Car Mathurin, en somme, était le chef, le maître.
Bon gré, mal gré, le gros joufflu dut se soumettre.
D'ailleurs, comme on devait partager le trésor
Au retour, le bouffi retrouverait son or...

En un mois de séjour, leur fortune fut faite.
Or, avant de quitter Paris, on fit la fête...
— Hélas ! muses, pleurez ! — Car nous avouons ceci :
L'aveugle se grisa, Jean La Chapelle aussi,
Non plus de cidre doux, mais de liqueurs perverses,
De ces poisons subtils, ô Paris, que tu verses,
Philtres d'amour, philtres de mort, folles liqueurs
Qui brûlent, à la fois, les âmes et les cœurs.

O Quimperlé natal, Paradis de la Terre,

O Sainte-Croix, église aimable autant qu'austère,
O vierges de l'Isole, ô vierges de l'Ellé,
Et vous, bourgeoises, vous, bourgeois de Quimperlé,
Vous qui vivez dans la profonde horreur du vice,
Courez, volez à la prière, au sacrifice,
Courez à Sainte-Croix, prier, comme au grand jour.
Car votre Mathurin, —Muses, pleurez toujours!—
Non satisfait de cette ivresse qu'on pardonne,
Ivresse à qui l'on doit l'indulgence bretonne,
Mathurin s'empiffra d'amour, se régala
—Les aveugles, dit-on, ont de ces chances là,—
Se régala d'une adorable créature.
La drôlesse, en effet, aurait pu, d'aventure,
Être laide, être affreuse, et vieille; mais l'Amour,
L'Amour, si dur pour nous, aveugles en plein jour,
A des grâces pour les aveugles, ses bons frères.
D'ailleurs, les Bretons, même à jeun, sont téméraires.
Mais quand le gwin-ardent s'en mêle, c'est du feu.
Glissons, rapidement, sur ce pénible aveu.
Mathurin se vautra, trois jours, en plein délire.
Tous les excès. Toutes les cordes de la lyre.
Il vida, crânement, la coupe jusqu'au fond.

Quimperlé disparut, dans un oubli profond.

Or, le troisième jour, sa charmante compagne
L'emmena dans un bon restaurant de campagne,
Abominablement soûla notre Breton;
Et, connaissant les bois classiques de Meudon,
Bois consacrés à la déesse de Cythère,
Attira Mathurin dans un coin solitaire.

Là, voyant son Breton ivre, et bien endormi,
La belle se pencha sur notre pauvre ami,
Retourna savamment les poches du brave homme,
Et décampa, laissant Mathurin à son somme.

Si le somme fut long, bien dur fut le réveil.
Il se dresse debout. Il supplie. Il appelle.
Il étend ses deux bras, tête nue, au soleil,
Et se met à crier bien fort: «Jean La Chapelle!»

Personne. Il crie, alors, en arc-boutant la main;
Il crie à perdre haleine, affolé, plus d'une heure.
Enfin, à bout d'efforts, sans espoir, sans chemin,
Il s'affaisse, et gémit, comme un enfant qui pleure.

Tout d'un coup, il se lève. Il saisit son hautbois.
Il l'embouche, dans un accès de fièvre ardente.
Et, d'un souffle qui vibre à travers les grands bois,
Lance à tous les échos une aubade éclatante.

Une aubade sublime, une inspiration,
Une note trouvée au fond de ses entrailles,
Comme l'appel d'une âme en désolation,
Un de ces cris qui font tressaillir les murailles.

On l'entend. On accourt. On vient de toutes parts.
On entoure l'Aveugle. On l'entraîne, on le porte.
Son nom avait couru, dans les journaux, épars.
Et, jusque dans Paris, on lui fait une escorte.

Et, maintenant, pleurons, Muse, et restons-en là.
Que devint Mathurin, dépouillé par sa belle?
Son hautbois, son fidèle ami, l'en consola,
Mais l'homme inconsolé, ce fut Jean La Chapelle.

Le lendemain, navrés, volés, pillés, trahis,
Tous les deux, très confus de leur commune histoire,
Gros-Jean comme devant, revinrent au pays,
Très pauvres de monnaie, et très riches de gloire.

La femme aux cinq maris

I

Françoise Hinault tenait une auberge à Plaintel[36],
Une très grosse auberge, une sorte d'hôtel,
Où l'on venait de tous les cantons à la ronde.

Que si vous demandiez d'où venait tout ce monde,
Les jaloux vous disaient : « C'est bien simple, parbleu :
« Les chiens courent en bande où la chienne est 'en feu' ».

A seize ans, la Françoise était fort belle fille.
C'est le mot. Plutôt belle, en effet, que gentille.
Car elle avait l'aspect un peu sec, un peu dur.

Les cheveux bruns. Le front très mat, d'un galbe pur.
Avec cela, des yeux tout noirs, des yeux de flamme,
De grands yeux de Succube, allant au fond de l'âme.

Toute jeune, à seize ans, elle avait épousé
Un richard de l'endroit, un vieux jeune homme usé,
Qui passait tout son temps, jour et nuit, à l'auberge.

On raconta que cet hymen la laissa vierge,
Et fort riche. D'ailleurs, on ne se trompait pas.
Car, le jour de la noce, au milieu du repas,
Le marié fut mis dans le lit de sa femme,

---

[36] Par précaution, disons que cette histoire est une fable, et que l'aventure ne s'est passée ni à Plaintel, ni ailleurs, que je sache, en pays breton.

A demi-mort. Trois jours après, il rendait l'âme.

C'est dans le lit de la Camarde qu'il coucha.

La Hinaut, pensez-vous que ceci la toucha ?
Rien. De beaux yeux très noirs. Très secs. Et point de larmes.

Mais le Deuil ajouta quelque chose à ses charmes.
Sous le noir, ses yeux noirs de veuve de seize ans,
Parurent, s'il se peut, plus brûlants, plus luisants,
Comme si cette enfant, demi-vierge farouche,
De qui, seule, la Mort avait souillé la couche,
Connaissait de l'Amour tout son art, son secret,
Consciente, déjà, du redoutable attrait
De ses yeux, dont la flamme embrasait tout son être,
Brûlant tout, la brûlant elle-même, peut-être.
Nul scandale. Nul bruit. Cette femme de feu
Semblait froide. Riant très peu. Causant très peu.
Ses yeux parlaient. Elle en usait en souveraine.
Ses ordres étaient brefs, avec des airs de reine.
Parlant aux amoureux, de haut, comme aux valets,
Froide avec tous, traitant les beaux comme les laids.
Jamais brusque. Toujours polie, et point sauvage.

Ce fut un 'beau', pourtant, qui rompit le veuvage.

II

C'était un gars Normand, nomade maquignon,
Courant les foires, grand, hardi, gai compagnon,
Mangeant bien, buvant sec, aimant les chansons drôles,
Fort comme un bœuf, roulant d'effrayantes épaules,
Sous sa blouse faisant l'effet d'un éléphant.

Il était du pays d'Avranches, bon enfant,
Un peu vantard, roublard pas trop, content de vivre,
Buvant de quoi noyer dix hommes, jamais ivre,
Aimant la table d'hôte, et les filles, le jeu,
Et, très aimablement, se fichant du bon Dieu.

Quelquefois, il hurlait qu'il était poitrinaire.

«D'ailleurs, dans sa famille, on mourait centenaire.
«Pas mourir. On crevait, par suite d'accidents.
«Son grand-père était mort, avec toutes ses dents,
«A cent deux ans. Son père, à ses soixante-treize,
«Pour l'heure, en paraissait quarante, un cœur de braise,
«Un gars haut de six pieds, un sacré polisson
«Qui vous chambardait tout Avranche et Pontorson.
«Quant à lui, pour qu'il meure, il faudra qu'on l'assomme».

On l'appelait Charlot. Jeune, riche, bel homme,
Riche par sa Françoise, il n'eut plus de métier,
Il vécut en mari d'hôtelière, en rentier.
Plus maquignon du tout. Mais grand joueur de boules,
De cartes, et les jours de foire, aimant les foules,
Les forains, les copains, courant le grand chemin,
Les allants et venants, qui vous serrent la main,
Avec mille amitiés qu'il faut que l'on arrose.

Six mois. Un an. Deux ans, l'existence fut rose.

Mais, tout d'un coup, le grand, le gras, le gros Normand,
Le Falstaff tapageur, égrillard, et gourmand,
S'était mis à maigrir, à vieillir, devint blême,
Toussant, crachant, plus rien que l'ombre de lui-même.
Le pauvre diable était devenu plus que laid.
Son teint fleuri tourna du rose au violet,
Avec des cheveux gris sur ses tempes livides.

Des yeux béants, pleins de stupeur. Et des joues vides.
Plus d'appétit. Toujours la soif. Plus de sommeil.
Le jour, s'il se pouvait, un rayon de soleil :
Il s'y traînait, avec des jambes flageolantes,
Tout grelottant de froid, avec des mains brûlantes…
La Françoise n'eut pas à le soigner longtemps.
La mort prit son Charlot. Il n'avait pas trente ans.

Charlot mort, pas de pleurs. Pas de chagrin. Françoise
Continua son train d'hôtelière bourgeoise.
Toujours jeune. Toujours belle. Son deuil fut court.

III

Parmi les amoureux qui lui faisaient la cour,
Elle en préférait un, — sans le laisser paraître.
Le frère de Charlot. Ceci datait, peut-être,
De très loin. Du vivant de l'autre. Pourquoi non ?
Pourquoi pas ? 'Le frangin', — c'était là son surnom, —
Débarquait à Plaintel, presque chaque semaine.

Le maquignon, c'est l'homme heureux qui se promène.
Bref, le frangin devint l'assidu de Plaintel.
Le frère étant malade, il dirigea l'hôtel,
Maître de la maîtresse et le coq du village.

Un Hercule, mais tout à fait dans le bel âge,
Rose, comme autrefois son frère, même sang,
Même teint, même torse et même cou puissant.

Le temps venu, malgré qu'on jase et qu'on dégoise,
Le beau frangin devint le mari de Françoise.

Ah ! celui-ci n'avait pas hâte de mourir !

Pas si bête! Il savait comme on doit se nourrir,
Surtout boire. Est-ce donc chose si difficile?
Tas d'idiots! Charlot n'était qu'un imbécile.
Se tuer, se noyer dans les spiritueux!
Dans l'alcool! Pardi! sans être vertueux,
Qu'on boive! mais têtons la nourrice bretonne.
Suçons à pleins tétons le lait qu'elle nous donne,
Le cidre de Plaintel, d'Uzel, de Loudéac.
Vive le cidre! A bas l'absinthe et le cognac!

La thèse était superbe. Il lui resta fidèle,
Fidèle à sa Françoise, et très amoureux d'elle.
Une idylle, où l'Amour et l'Hydromel vainqueurs,
En bons frères qu'ils sont, se partageaient les cœurs.

Six mois. Un an. Deux ans coulèrent sans encombre.

Pan! Comme si la Mort guettait l'Amour dans l'ombre,
A jour fixe, effrayant de ponctualité,
Le même mal, dont l'œuvre et la brutalité
Avaient fait d'un Hercule un spectre lamentable,
Foudroya l'autre Hercule, en pleine fête, à table,
Le saisit, et, dès lors, peu à peu, jour par jour,
Creusant en pleine chair, comme un soc de labour,
Ravagea, tarauda… Quand l'œuvre fut complète,
Il ne resta plus rien, pour la mort, qu'un squelette.

Françoise, cette fois, resta veuve dix ans.

Veuve? Si l'on en croit les propos médisants,
Très froide en apparence, au fond désordonnée,
Elle eut autant d'amants que de jours dans l'année.
Mais on va loin, quand on écoute les cancans.

IV

Françoise, à cette époque, avait trente-cinq ans.

Elle avait, pour voisin, un singulier bonhomme.
Très vieux, très fort, très sec. Une voix de rogomme.
Solide comme un chêne et dur comme le roc.
Barbe rase, drapé d'une espèce de froc,
Noir, funèbre, grêlé, chauve, le masque horrible,
Très riche, très avare. Un Harpagon terrible.

On disait que Morin vivait de pain et d'eau.
C'était vrai. Mais le peuple, absurdement badaud,
Accumulait sur lui des histoires infâmes.
Disons pourquoi : Morin était veuf de trois femmes,
Comme Françoise était veuve de trois maris.

Eh bien, depuis dix ans, le veuf était épris
De la veuve, et, brûlant d'une sénile flamme,
Depuis dix ans, le vieux la désirait pour femme,
Décidé, tous les jours, à demander sa main,
Tous les jours, reculant la chose au lendemain.
Bref, un soir, affublé d'une lévite neuve,
Crasseux quand même, il fit sa demande à la veuve.

La Françoise, attachant ses grands yeux noirs sur lui,
Le plus tranquillement du monde, lui dit oui.

Morin rentra chez lui, tout 'chose'. Le bonhomme,
Étant de roc, n'avait nulle peur. Mais, en somme,
Cet étrange regard, diablement expressif,
Donnait froid dans le dos, et le rendit pensif.

Ah ! du coup, l'on jasa, parmi les bonnes âmes !

«Morin veut donc aller rejoindre ses trois femmes?»
Disait-on. La nouvelle, à Plaintel, fit du train.
On allait voir, qui de Françoise, ou de Morin,
Serait le plus solide et mettrait l'autre en terre.

Ayant en poche un bon contrat devant notaire,
La Françoise épousa l'odieux Harpagon.

Morin devint, près d'elle, un vigilant Dragon,
Un hideux amoureux, dégoûtant de tendresse.

Toujours froide, toujours calme, toujours maîtresse,
Muette comme un sphinx, Françoise paraissait
Attendre… Attendre quoi? Morin rajeunissait.
Le vieux concupiscent, qu'on croyait mort d'avance,
Semblait baigné dans la Fontaine de Jouvence.
L'hymen lui refaisait comme un nouveau printemps.
Il portait l'âge d'un Satyre, —quarante ans,—
Pas plus. L'âge savant, à la fois sage et tendre.
Françoise, avec ce buveur d'eau, pouvait attendre.
Un buveur d'eau, ça vit toute une éternité.

La Françoise attendait avec tranquillité.

Durant deux ans, les jours du veuf et de la veuve
Avaient coulé, sans bruit, comme un aimable fleuve,
Quand, à son tour, frappé du mal mystérieux,
Le satyre, l'époux sagement furieux,
Le buveur d'eau s'en fut rejoindre, au cimetière,
Ses trois femmes, laissant, pour unique héritière,
Le Succube, le Sphinx, celle dont la maison
Semblait quelque officine horrible, où le poison
Accomplissait son œuvre implacable et sereine.

Mais nul ne soupçonna la redoutable reine,

Dont la fortune avait décuplé par la mort.
Françoise en jouissait, tranquille, et sans un remords.

V

La Françoise, aujourd'hui, passe la cinquantaine.

Veuve depuis douze ans, un peu sèche et hautaine,
Belle toujours, sans ride, et sans un cheveu blanc,
Elle a ses grands yeux noirs, et ce regard troublant
Dont la flamme s'avive, on dirait, avec l'âge.

Hier, nous traversions la place du village.
Plaintel était en fête. Une noce passait.

La Françoise, devers l'église s'avançait,
Très magnifiquement parée, au bras du Maire.

«Vous avez l'air surpris?» me dit une commère.
«C'est Françoise qui prend un cinquième mari.
«La gueuse, elle mérite un beau charivari.
«Mais, dans ce pays-ci, tout tremble devant elle.
«Telle qu'elle est, tout or, toute soie et dentelle,
«Elle épouse un beau gars, qui n'a pas vingt-cinq ans.
«Plus elle vieillit, plus il les lui faut fringants.
«C'est un gars du pays, sans le sou. Mais, Pardienne!
«Je ne changerais pas ma peau contre la sienne.
«Pour un peu d'or, sont-ils bêtes, ces paysans!
«Il crèvera, comme les autres, —dans deux ans!

—«Pourquoi voulez-vous donc qu'il meure, ce jeune homme?
Dis-je, «la mariée a l'air charmante, en somme.

La commère, à ces mots, se rapprocha de moi.
«Vous demandez pourquoi? Vous demandez pourquoi?
Dit-elle, en me poussant le coude dans la hanche,
«Vous ne savez donc pas qu'elle a la rate blanche?»

LE PATER DE SAINT-RIVOAL

Saint-Rivoal et Botmeur, perdus dans la montagne,
Sont bien les bourgs les plus tristes de la Bretagne[37].

Quelques taudis, épars, autour d'un clocher gris.
Point d'arbres. Si ce n'est trois vieux ifs rabougris,
Qui se meurent, le long des murs du cimetière.
Çà et là, de grands blocs, couchés dans la bruyère.
Des blés noirs tout petits. Des seigles avortons.
Un sol pierreux, où des centaines de moutons
Broutent dans le silence, et dans la solitude.
Un pays tout entier, plongé dans l'hébétude,
Figé, mort, loin du bruit, loin de toute rumeur.
Voilà pour Saint-Rivoal, moins triste que Botmeur.

Quant à Botmeur, il semble, avec ses toits de chaume,
Un village lacustre, aux bords d'un Lac fantôme,
Mais d'un lac desséché depuis des milliers d'ans.
Ce n'est plus qu'un marais funèbre ; et, là-dedans,
Sous la tourbe mouvante, effrayamment profonde,
Repose une forêt, vieille comme le monde.
Quand on voit, de plus près, non sans émotion,
Ce noir marais, pays de désolation,
Où la Mort plane, où rien ne peut vivre, où tout souffre,

---

[37] Je n'ai pas revu ces villages depuis trente ans. Il y a quelques changements depuis. Les deux bourgs se sont augmentés de petites maisons, couvertes de toits
d'ardoise. Un peu de verdure, autour de Botmeur, contraste avec la solitude de
la montagne et du marais. Le nom de l'autre village se prononce Saint-Rivoil, en
deux syllabes, et non Saint Ri-vo-al.

On rêve de Sodome, et de sa mer de soufre ;
Et, peut-être qu'au lieu d'arbres ensevelis,
C'est un peuple de morts qui dort là, sous ses plis.

Or, chacun des deux bourgs, fort voisins l'un de l'autre,
Avait son desservant. C'étaient deux cœurs d'apôtre,
Humbles, vivant de peu, parmi des indigents,
Deux vieux recteurs, deux vrais pasteurs de pauvres gens.
Ces exilés, privés de toute joie humaine,
S'aimaient, et se voyaient, une fois par semaine.
Trop peu riche, à Botmeur, pour nourrir un cheval,
Et trop vieux pour se rendre à pieds à Saint-Rivoal,
Le bon recteur, cloué par l'asthme et son grand âge,
Ne sortait presque plus de son vieil Ermitage.
Mais le recteur de Saint-Rivoal, chaque mardi,
Fidèle à l'angélus, arrivait, vers midi,
A Botmeur, et 'mangeait la soupe' au presbytère.

La soupe, bœuf et lard, quelques pommes de terre,
Un bon verre de vin. C'était tout le menu.
Mais quel festin d'amis ! Aussi, le jour venu,
Quand, au loin, sur la route, on ne voyait personne,
L'angélus de Botmeur semblait un glas qui sonne ;
Et le pauvre recteur, tout seul, silencieux,
Se renfermait chez lui, les larmes presque aux yeux.
Triste, sans appétit, il se mettait à table.
Mais le vin était plat, le festin lamentable ;
Le bon pain bis, lui-même, avait un goût amer.
Et le marais fatal, vaste comme une mer,
Qui se perdait, là-bas, sous ses yeux, dans la brume,
Lui semblait plus funèbre encor que de coutume.

Or, allant vers Botmeur, son bâton à la main,
Le bon recteur trouvait toujours, sur son chemin,
Chaque mardi, quand il traversait cette Islande,

115

Un pâtre qui gardait ses moutons, dans la lande.

Le pâtre et le recteur, autant qu'il est permis
En leur état, étaient devenus grands amis.
Le pauvre petit pâtre avait dix ans peut-être.
Il était gai, dans sa misère. Et le vieux prêtre
Riait de sa vaillance, et de sa bonne humeur.
Il en parlait souvent au recteur de Botmeur :
Car le cas était grave. Et ce petit bonhomme,
Intéressant, d'ailleurs, et doux, n'était, en somme,
Qu'une espèce d'enfant de sauvage, un païen,
Ne sachant ni pater, ni catéchisme, rien !

Fanchic avait dix ans. C'était un petit brave,
Un gars de la montagne, un pâtre déjà grave,
Connaissant son métier de gardeur de moutons.
Fanchic avait souvent affaire aux loups gloutons,
Aux bandits détrousseurs des montagnes d'Arrée,
Grands seigneurs, souverains de toute une contrée
Qui va de Brennilis jusqu'au bourg de Sizun.
Il savait son troupeau par cœur, comme pas un.
On l'appelait Fanchic-ar-c'hleier, l'homme aux cloches.

Voici pourquoi. Fanchic, comme tant d'autres mioches,
Avait la morve au nez ; et, faute de mouchoir,
La morve de Fanchic, lourde et tendant à choir,
Lui pendait sous le nez, comme deux belles cloches.
Il n'aurait pas fait beau lui flanquer des taloches
Sous le nez. Ce nez-là, tout seul, se défendait
Avec son carillon de cloches qui pendait.

De temps en temps, Fanchic-ar-c'hleier, d'un beau geste,
Torchait sa morve sur les manches de sa veste.
C'est primitif. C'est simple et court. Ce quoi faisant,
La veste de Fanchic avait du reluisant,

Veste de tous les jours, et veste des dimanches,
La pauvre veste avait deux miroirs sur les manches.

Mais, avec tout cela, mon Fanchic-ar-c'hleier
Ne savait pas encore un mot de son Pater.

Le recteur en avait tout l'esprit en déroute.
Chaque fois qu'il trouvait le pâtre sur sa route,
Il se disait : « Comment apprendre son Pater
A ce drôle ? » A la fin, le subtil magister
A force de chercher, trouva dans sa cervelle,
Une méthode simple, assurément nouvelle,
Pour faire de Fanchic la moitié d'un chrétien.

Il avait remarqué que le petit païen
Connaissait son troupeau, le dénombrant par tête,
Sans se tromper, donnant un nom à chaque bête.
Le recteur, bravement, changea les noms bretons
En latin ; il choisit, d'abord, quatre moutons,
Et leur donna des noms que l'enfant retint vite.
Le premier s'appela 'Pater Noster'. Ensuite,
Vint 'Qui es in cœlis' ; puis 'Sanctificetur' ;
Et puis 'Nomen tuum'. Fanchic trouva très dur
De changer les surnoms qu'il donnait à ses bêtes.
Ses formules, à lui, plus franches, et plus nettes,
Se comprenaient : 'Penn-du, Tad-coz, Breur-Iguilé[38]'.
Mais le recteur tint bon, et l'eut bientôt stylé,
D'autant qu'il lui fourrait des pommes plein ses poches.
Si bien qu'au bout de six semaines, l'homme aux cloches
Savait tout son Pater, et vous le récitait
En bon chrétien, en bon Bas-Breton qu'il était.

Le prêtre, radieux, savourait sa victoire,

---

[38] *Penn du* veut dire tête noire, *Tad-coz* grand-père, *breur-iguilé* le frère de l'autre.

Enchanté de son œuvre, œuvre bien méritoire,
Car Fanchic, jusque-là, plus bête qu'un mouton,
A peine bégayait quelques mots de breton.

Or, un mardi, le prêtre, ainsi qu'à l'ordinaire,
Marchait, de son bon pas de septuagénaire,
Réglant sa marche sur l'angélus de midi.

Fanchic, très amateur des pommes du mardi,
Le vit venir, avec un plaisir manifeste.
Il se torcha le nez aux manches de sa veste,
Et, très brave, attendit l'heure de la leçon.

«Eh bien, dit le Recteur, que dis-tu, mon garçon?
«T'es-tu mouché le nez? Oui, je vois qu'il en reste
«Une assez belle part aux manches de ta veste.
«Il faudra bien que nous corrigions ce défaut.
«Pour le moment, c'est ta prière qu'il nous faut.
«Allons, Fanchic, dis ta prière. Je t'écoute.

Et Fanchic commença, chapeau bas, sur la route:
«Pater noster, qui es in cœlis, nomen tu…
—«Comment nomen tuum? dit le prêtre, où cours-tu?
«Ah! je crois qu'aujourd'hui, tu n'auras point de pomme!
«Et 'Sanctificetur', qu'en fais-tu, mon bonhomme?

«Oh! Sanctificetur, dit le petit, tout fier,
«Le loup me l'a mangé dans la nuit d'avant-hier».

LE RIRE EST SAIN.
LA PITIE EST BONNE

I

Le rire est sain. Non pas le rire d'aujourd'hui!
Dans le Livre, dans la Chanson, et sur la Scène,
Il est tombé si bas, si platement obscène,
Qu'il faut désespérer de lui.

Ce rire fin de siècle, aussi bête qu'infâme,
Rire de croque-mort, triste à faire pleurer,
Tout de même, il fait peur, à force d'écœurer,
A force de salir la femme.

O roi du Rire, vois où le Rire est tombé!
O Molière, rends-nous ta Comédie humaine,
Cet Olympe superbe, où trône Célimène,
Junon, dont Dorine est l'Hébé.

Ton Rire, nous l'aimons, pour tout ce qu'il enseigne.
Souvent tragique et triste, il est toujours humain.
Oh! si triste, qu'en scène, on sent que sous ta main
Et sous tes ongles, ton cœur saigne.

Comme tu faisais rire, et comme tu souffrais!
Ta gaieté de commande était brusque et fantasque.
Et, parmi tes éclats de rire, sous ton masque,
O roi du Rire, tu pleurais.

Le Rire est sain. Lecteur, n'oublions pas les larmes.

Si ce Livre, qui put te distraire un moment,
Semble gai, l'homme est triste inguérissablement.
La tristesse a pour lui des charmes.

La Joie et la Douleur se tiennent d'amitié.
Oui, c'est banal à dire, et banal de l'écrire,
S'il est doux d'être heureux, et s'il est bon de rire,
Il est plus doux d'avoir pitié.

II

Qui que tu sois, pauvre petite créature,
Toi dont le premier cri fut un vagissement,
N'est-ce pas là, déjà, comme un pressentiment
De ton infortune future ?

Oui, proteste, et vagis, ô triste nouveau-né.
Eusses-tu quelque fée, au berceau, pour marraine,
Fusses-tu, comme Hamlet, fils de roi, fils de reine,
Tu seras un infortuné.

Amant de Juliette, ou de quelque Ophélie,
La Vie aura, pour toi, des sourires charmants.
Car, dans sa coupe d'or, elle verse aux amants
Un vin d'ivresse et de folie.

Mais prends garde à l'amour, et prends garde au bonheur !
Dans ce calice d'or, que de fiel et de lie !
Déjà, demain, tu vas pleurer, veuf d'Ophélie,
Au cimetière d'Elseneur.

Tout ce bonheur, dont pour un moment tu fus ivre,
A duré ce que dure un beau jour de printemps.

Tu parles de la mort, et tu n'as pas vingt ans.
A vingt ans, déjà las de vivre!
Et ce n'est pas assez de vivre pour souffrir!
Car, tout pâle devant l'insondable mystère,
Si tout finissait bien avec les vers de terre,
Tu serais heureux de mourir!

III

La vie? ô quel étrange et dur pèlerinage!

La Vie est, sous nos yeux, comme un champ de carnage,
Où la Souffrance, sourde aux supplications,
Sourde aux pleurs, sourde aux cris, aux lamentations,
Jamais lasse, fait sa besogne inexorable.
Aux gages de la Mort, journalière admirable,
Froide, exacte, sans joie, et sans ressentiment,
Impartialement, impérialement,
Elle poursuit son œuvre absurde, et nécessaire.
Car il paraît que la Souffrance et la Misère
Sont pour nous, quoi qu'on fasse, une nécessité,
Comme une loi d'airain contre l'Humanité.

Et ce n'est pas assez que l'aveugle Nature
Soit cruelle à son heure, et fatalement dure.
Quelque chose de plus cruel, de plus fatal,
C'est la méchanceté de l'Homme, ce brutal,
Ce furieux tueur, ce fléau de lui-même,
Marqué du sceau du crime et frappé d'anathème.

Et qu'espérer? Le Siècle, —où l'on entre aujourd'hui—
Une aurore de sang s'est levée avec lui!

Ah! saint Jean n'était pas un fol visionnaire,
Quand, tout près de la tombe, et presque centenaire,
Du fond de son exil farouche de Pathmos,
Le confident de Dieu faisait tonner ces mots :

«Et le premier des quatre animaux, d'une voix
Qui fit trembler la terre et les cieux à la fois,
Parmi la foudre et les éclairs, dit : Viens, et vois !

Alors, d'une caverne immensément profonde,
Sortit un cheval blanc, cabré, harnaché d'or.
Celui qui le montait, plus magnifique encor,
Avait le front lauré. C'était l'Imperator,
Le Guerrier, le Vainqueur, le Conquérant du Monde.

Et le second des quatre animaux, d'une voix
Qui fit trembler la terre et les cieux, à la fois,
Parmi la foudre et les éclairs, dit : Viens, et vois !

Et, tout de suite, après le maître de la terre,
Parut, monté sur un cheval couleur de sang,
Un Spectre furieux, au masque repoussant ;
Il hurlait, excitant son cheval hennissant,
Le glaive au poing, le bras levé. C'était la guerre.

Le troisième des quatre animaux, d'une voix
Qui fit trembler la terre et les cieux à la fois,
Parmi la foudre et les éclairs, dit : Viens, et vois !

Et, de l'antre béant que la foudre illumine,
Un cheval noir, funèbre, apparut aux regards.
Et, sur sa croupe, une Femelle, aux yeux hagards,
La mamelle pendante, et les cheveux épars,
Passa hideuse et blême, et c'était la Famine.

Et le dernier des quatre animaux, d'une voix,

Qui fit trembler la terre et les cieux à la fois,
Parmi la foudre et les éclairs, dit: Viens, et vois!
Et l'on vit se cabrer, sous les éclairs livides,
Un cheval pâle[39], dont la venue épouvantait.
Et le spectre, plus pâle encor, qui le montait,
Fantôme enveloppé d'un linceul qui flottait,
C'était la Mort, c'était la Camarde aux yeux vides...»

L'œuvre de l'homme, à tous les siècles, la voilà.
Roberts et Waldersée, encor plus qu'Attila,
Déchaînent, derrière eux, la Famine et la Peste.
Les chevaux de la Mort ont passé. Rien ne reste.

Sublime vision du chantre de Pathmos!
L'homme, à plaisir, sur l'homme, accumule les maux.
Loin de plier le front, sous les pires désastres,
Il lance insolemment des flèches vers les astres,
Mais il a beau cracher à la face des Dieux,
Il a beau dénoncer ses tyrans odieux,
Les Césars oppresseurs, les Chamberlains infâmes,
Ces besogneurs de mort dont s'indignent nos âmes,
L'homme, pris en lui-même, est un tyran complet.
Inconscient ou non, d'instinct, le mal lui plaît.

O Siècle, ô temps nouveau, qu'est-ce que tu prépares?
Resterons-nous, toujours, des enfants, des barbares?
Car l'enfant est cruel, avec raffinement.
L'homme ne l'est pas moins; il l'est brutalement.
Et la femme, elle-même, oui, jeune, heureuse, et belle,
La femme, qu'on adore et qu'on chante, est cruelle.
Quand mouraient les martyrs, quand, au Colosseum,
L'odeur du sang montait vers le velarium,

---

[39] '*Equus pallidus*' Apocalypse, ch. VI. C'est cet illustre Chapitre VI de l'Apocalypse qui servit de texte, en l'an Mille, pour prédire la fin du monde.

Les tigresses les plus férocement brutales,
O fleurs de mai, c'étaient les Vierges, les Vestales…
Et bien, faisons la guerre à la souffrance, au mal.
Ayons pitié de nous, pitié de l'animal,
L'éternel résigné que l'homme martyrise ;
Il en est temps, ayons pitié des Dieux qu'on brise.
Relevons leurs autels, et, pieux à moitié,
Pour plaire à Dieu, faisons un Dieu de la Pitié.

À Madame Ange M. Mosher
(L'américaine bretonnante)

I

> «Moi, je crois que M. Renan a bien dit que le Breton
> n'est pas grossier ni sensuel, naturellement.
> Il boit peut-être par un excès d'idéalisation;
> il veut trouver dans l'Hydromel quelque chose outre,
> ou au-dessus de lui-même.»
>
> Madame Mosher, lettre de janvier 1901

La thèse est de Renan. Mais, par grande amitié,
A son autorité vous en joignez une autre:
C'est votre commentaire; et la thèse est bien vôtre.
Mettons qu'avec Renan vous soyez de moitié.

Quels trésors d'indulgence, en votre cœur de femme!
Nos vices, nos défauts ne blessent pas vos yeux.
Et rien n'est plus touchant, rien n'est plus gracieux
Que vos façons d'aimer, grande dame et grande âme.

La Sévigné, jadis, moins aimable que vous,
Témoin, à nos banquets, de notre ivrognerie,
Raillait superbement notre gloutonnerie.
Elle y venait s'asseoir, pour se moquer de nous.

Quand de Chaulnes, choisi pour de tristes besognes,
Couvrait de noirs gibets notre pays saignant,
La marquise, attentive aux couches de Grignan,

Voyait, d'un œil très sec, pendre tous ses ivrognes.

Mais elle était d'un siècle, où les cœurs indulgents
N'existaient qu'à l'état de phénomènes rares.
Les 'Raffinés' d'alors n'étaient que des barbares.
On n'y connaissait pas encor 'les bonnes gens'.

Vous, d'amour, de pitié, votre âme est toute pleine.
Aussi, lorsque je songe au temps de Sévigné,
Au lieu d'elle, c'est vous qu'en poète indigné,
J'eusse aimé aux Rochers, pour dame châtelaine.

Avec vous, ce déjour, qu'illustra sa beauté,
N'aurait pas eu moins de splendeur, et moins de charmes.
On eût moins ri, peut-être, et versé plus de larmes.
C'eût été le séjour exquis de la Bonté.

II

Or, ceux que vous traitez avec tant d'indulgence,
Doivent vous saluer Bretonne, désormais.
Vous êtes donc Bretonne. Et qui le fut jamais
Plus que vous, par le cœur, et par l'intelligence ?

D'ailleurs, vous nous gâtez. Vous nous poétisez.
L'hydromel, c'est la douce et bonne liqueur blonde.
Mais la liqueur de mort qui ravage le monde,
L'alcool, ce mot-là, pour nous, vous le taisez.

Mais qu'importent les mots ? Votre thèse est touchante.
Ainsi, vos grands amis, vos Bretons chevelus,
Cherchent, dans l'hydromel, quelque chose de plus ?

C'est l'Oultre, l'Au-Delà, l'Idéal qui les hante ?
C'est pour cela qu'ils sont des affamés de Dieu !
Pourtant une Bretonne, un colossal génie,
Un génie effrayant, dans un cerveau breton,
Vient de parler[40]. Son verbe est haut devant Newton.
Elle s'attaque à Dieu. Bien plus, elle le nie.

Je ne sais quel Hasard, furieux et brutal,
Commande à la matière et pétrit l'existence.
Plus de bien. Plus de mal. Ni Dieu. Ni providence.
En place, l'Innommé, l'Aveugle, le Fatal.

Dans tous ces milliards de milliards de mondes,
Dont les globes muets roulent dans l'Infini,
La Force est le seul Dieu. Le Droit en est banni.
Et le Hasard préside aux genèses fécondes.

Et bien, s'il fallait croire à Clémence Royer,
C'est là que l'hydromel serait bon pour l'ivresse.
C'est là qu'en plein désert moral, notre détresse
Dans l'hydromel aurait le droit de se noyer.

Mais nous aimons mieux vivre avec notre Chimère,
Avec le Dieu présent, dont nous sommes jaloux.
La foi dans l'Idéal est un besoin pour nous.
Elle est le pain de la Bretagne, notre Mère.

Oui, le pur Idéal, pour lequel nous luttons,
Nous est cher. Nous l'aimons, entouré de mystère.
Et Dieu serait banni du reste de la terre,
Qu'il trouverait asile au foyer des Bretons.

---

[40] Clémence Royer, *La Constitution du Monde*.

Table des matières